인도네시아로 간 오랑꼬레아

[일러두기]

1. 한글 전용을 원칙으로 했다. 고유명사의 우리말 표기는 국립국어원의 외래어 표기법을 따랐다. 그러나 관행적으로 굳어진 표기는 그대로 사용했으며, 필요한 경우 원어를 병기하였다.
2. 인도네시아어의 자음 'c, k, p, t'는 'ㅉ, ㄲ, ㅃ, ㄸ'으로 표기하였다. 그리고 인도네시아어의 모음 'e'는 현지 발음에 따라 '에' 또는 '으' 또는 'ㅓ'로, 'oe'는 '우'로 표기하였다.
3. 인도네시아인 이름과 지명 등 고유명사로 국립국어원에 등재된 단어(수카르노, 누산타라, 칼리만탄 등)는 국립국어원의 발음을 따랐고, 나머지는 인도네시아어 발음으로 표기하였다.
4. 이 책에 사용한 사진은 『한인뉴스』와 『데일리인도네시아』의 사진을 주로 사용했고, 일부 사진은 제공자의 허락을 받아서 사용하였다.

누산타라를 달리는 한국인

인도네시아로 간 오랑꼬레아

재인도네시아 한인회

신성철 · 조연숙 편저

좋은아침

[발간사]

수교 50년을 넘어
우정의 100년을 준비하며

박재한
(재인도네시아한인회 회장)

　코로나19 팬데믹이 한창이던 지난 2020년, 재인도네시아한인회에서는 많은 어려움을 딛고 『인도네시아 한인100년사』를 편찬했다. 이 책을 출간하고 난 후, 간결·명료하고 업데이트된 한인사 단행본을 출간하고 싶다는 생각이 늘 마음 속에 있었던 차에 2023년 한국-인도네시아 수교 50주년에 맞춰 한인사회의 역사와 양국의 경제 및 정치·외교 활동을 담은 『Merajut Persahabatan dan Memupuk Kepercayaan(우정을 엮어 신뢰를 쌓은)』를 인도네시아어로 출간했고, 이번에 다시 한국어로도 출간하게 되어 매우 기쁘게 생각한다.

　『인도네시아 한인100년사』를 편찬하면서, 인도네시아 한인회는 인도네시아 한인 1호로 장윤원 선생을 선정했다. 장 선생은 일제강점기에 고국에서 독립운동을 했고, 인도네시아에서는 징용으로 끌려온 동포들을 물심양면으로 도와 주었다. 장 선생은 3·1운동 당시 고국에서 은행원으로 근무할 때, 독립운동 자금을 지원하다 발각돼 중국을 거쳐 1920년 인도네시아로 망명했다. 일제가 인도네시아를 점령했을 때 옥살이를 하는 고초를 겪었으며, 해방 직후 석방되어 징용 피해자들을 도와 귀국선을 타게 하는 데 큰 역할을 했다.

장 선생의 후손들도 인도네시아에서 훌륭하게 성장했다. 장남 장남해 씨는 아버지의 유지를 이어받아 현지 한인사회가 정착하는 데 도움을 주었고, 차남 장순일 씨는 아뜨마자야대학교 공동설립자이기도 하다. 막내딸 장평화 씨는 초창기 주인도네시아 한국총영사관에서 근무했다. 재인도네시아한인회는 장 선생이 자카르타에 도착한 지 100년이 된 지난 2020년 『인도네시아 한인100년사』를 편찬하며 도착한 날인 9월 20일을 '재인도네시아 한인의 날'로 지정해 기념하고 있다.

한국과 인도네시아는 경제 협력을 기반으로 상호보완적인 관계를 형성하고 있다. 1968년 한국의 해외 직접투자 1호인 한국남방개발(KODECO)이 인도네시아의 원목을 개발하면서 속속 한국기업들의 투자가 이어졌다. 1980년대 후반 신발·봉제 등 노동집약산업 진출에 이어 제철·석유화학·자동차 등 자본집약산업이 진출하고, 최근에는 금융·디지털·제약 등 기술집약산업 분야에서 양국 기업간 협력이 증대되고 있다. 이제 양국은 최첨단 전투기인 KF-21을 공동개발하고, 국가간 관계도 '포괄적 경제동반자협정(CEPA)'으로 격상된 만큼 앞으로 양국 관계는 더욱 긴밀히 발전하고 성장할 것으로 기대한다.

그동안 이 책의 집필과 정리에 애쓴 데일리인도네시아의 신성철 대표와 조연숙 편집장께 특별히 감사의 말씀을 드리며, 한인사 자료 수집과 정리를 위해 편찬위원들과 호흡을 맞추며 애써준 최인실 사무국장과 홍석영 한인뉴스 편집장에게도 감사를 드린다. 또한 이 모든 역사의 주인공이 되시는 인도네시아에 살고 계시거나 거쳐가신 많은 한국인, 오랑꼬레아들께 진심으로 감사를 표한다.

[축사]

한국과 인도네시아 수교 50년, 더 나은 미래를 향하여

밤방 수사띠요
(국민협의회(MPR) 의장)

한국-인도네시아 수교 50주년을 기념하여 『인도네시아로 간 오랑꼬레아』가 출간된 것을 진심으로 축하한다. 2023년에 맞이한 수교 50주년은 황금 희년(Golden Jubilee)이라고 불리는 특별한 해였다. 이를 기념하기 위해 한국과 인도네시아에서는 다양한 기념행사를 가졌고, 그간 양국이 이룩한 역사적 성과를 되돌아보는 시간을 가졌다.

1973년 수교 이후 한국과 인도네시아는 정치, 외교, 경제, 비즈니스, 사회, 문화 등 다양한 분야에서 지속적으로 협력을 확대해왔다. 최근 경제 분야에서 크라카타우-포스코의 일관제철소 건설 및 현대자동차의 전기차 생산, KF-21/IF-21 전투기의 공동개발 등 양국이 추진한 협력 프로그램들이 늘어가고 있다. 이 같은 협력 프로그램의 증가는 진정한 파트너로서 양국 관계를 상징한다.

한국과 인도네시아는 2017년부터 '특별 전략적 동반자 관계'를 맺었고, 2023년 1월에는 포괄적 경제동반자협정(IK-CEPA)을 체결했다. 이로써 한국과 인도네시아는 더 나은 미래를 향해 전진하는 50년의 기반을 다졌다.

한국과 인도네시아 대통령의 빈번한 상호 방문은 양국 관계의 긴밀한 관계를 방증하는 것이기도 하다. 1980년대 이후 양국 대통령 모두 상호 국가를 방문했다. 특히, 수실로 밤방 유도요노 전 대통령은 다섯 차례나 방문했고, 조코 위도도 대통령도 네 차례나 한국을 방문하며 긴밀한 우정을 쌓았다.

이제 양국 관계는 수교 50년을 넘어 다시 미래 50년을 맞이하고 있다. 한국과 인도네시아는 아시아 지역에서 중요한 역할을 담당하는 G20 국가로서, 금융위기, 기후변화, 국제사회의 새로운 질서 등 글로벌 사안에 대응하기 위해 상호 이해와 협력을 높여가고 있다. 앞으로도 이런 우정의 협력관계를 지속적으로 발전시켜 나가기를 희망하며, 인도네시아의 누산타라 신수도 건설, 탄소중립 프로그램 가동, 녹색경제 전환 실현 등 다양한 전략적 협력 프로그램을 통해 지속적인 협력이 이어지기를 기대한다.

"기록은 과거와 현재가 소통할 수 있는 문화적 원천이자 한 나라의 문화 수준과 역량을 보여주는 척도"라는 말이 있다. 이 책이 양국 수교 50년을 넘어 100년을 준비하기 위한 지침서가 되고, 양국 관계가 발전을 넘어 성숙하는 데 기여하기를 희망한다.

끝으로 지난 50년간 한국-인도네시아의 관계 발전에 기여해주신 모든 한국인, 오랑꼬레아 여러분들께 깊은 감사의 말씀을 드린다.

[머리글]

인도네시아의 오랑꼬레아

한국인에게 인도네시아는 낯선 국가이다. 1년 내내 푸른 잎이 무성한 여름만 있는 날씨와 17,000여개의 섬으로 이루어진 광활한 영토, 이슬람 문화와 인도 문화가 공존하는 곳. 인도네시아 동서 길이는 약 5,300㎞로 서울~자카르타 거리 약 5,296㎞와 비슷하다. "발리는 갔다왔는데 아직 인도네시아는 못 가봤어요"라고 말할 만큼 한국인에게 인도네시아는 아직도 낯선 나라다. 한국 정부가 신남방정책을 추진하고 있고 '기회의 땅'이라며, 인도네시아가 자주 소개되지만 실제로 한국인들은 인도네시아를 잘 알지 못한다.

"인도네시아에 사세요?, 왜·어떻게 인도네시아에 갔어요?" 한국인에게 인도네시아에 산다고 하면 많이 듣는 질문들이다. 상대적으로 인도네시아에서는 "어느 나라에서 왔어요? 어느 나라 사람이예요?"라는 질문을 마주한다. 비행기를 타고 인도네시아에 내리는 순간, 인도네시아인들 사이에서 오랑 꼬레아(orang Korea)는 이질감이 가득한 존재가 된다. 요즘은 인도네시아인들이 한국 드라마와 영화 같은 한류 컨텐츠를 통해서 그리고 인도네시아에 사는 한국인을 경험하며 한국인에 대해 인지하고 있다. 하지만 일제시대에 인도네시아에 온 조선인들은 일본인이 아닌 조선인이라고 애써 설명해야 했다. 1960년대에 온 대한민국 사람들은 북한 사람이 아니라 남한 사람이라고, 중국인도 일본인도 아닌 한국인이라고 스스로를 설명해야 했다.

중국인이나 일본인처럼 보이기도 하지만 전혀 다른 성향의 사람들. 바쁘게 움직이고 큰 소리로 말하고 허리를 꼿꼿이 세우고 힘차게 걷는 사람들. 흥이 많아서 노래도 잘 부르고 춤도 잘 추고 술도 잘 마신다. 정이 많아서 마음을 잘 주면서도 마음이 급하다 보니 화도 잘 낸다. 기독교, 불교, 유교 등 종교활동을 열심히 하지만 이슬람신자는 드물다.

한국에서 한국인으로 살 때는 국적의 개념조차 없었는데, 인도네시아에서 한국인으로 살아보니 국적자와 비국적자 구별이 명확하다. 인도네시아에 사는 대한민국 국적자와 대한민국 국적을 가졌던 사람들은 스스로를 '한국인' 또는 '한인'이라고 부른다. 대한민국 정부는 해외에 거주하는 한국 혈통을 지닌 사람을 '재외동포', 대한민국 국적을 가진 사람을 '재외국민'이라고 부른다. '교민'과 '거류민'은 해외에 거주하는 한인을 일컫는 호칭이었지만 점점 덜 사용한다. 인도네시아인들은 사람을 뜻하는 오랑(orang)을 사용해 '오랑꼬레아(Orang Korea)'라고 부른다. 이렇게 인도네시아를 포함해 해외에 거주하는 한인을 부르는 호칭에는 그들이 바라보는 시점이 담겨 있다.

　대한민국 외교부 재외동포현황에 따르면, 인도네시아에 사는 한국인은 1968년 408명을 시작으로 1972년에 약 700명, 1982년에 약 1,500명, 1983년 약 3,000명으로 지속적으로 증가했다. 자카르타 거주 교민은 1980년대 중반까지 1,500명 수준을 유지하다가 1993년 7,525명에서 1997년 17,209명(비공식적으로 15,000~22,500명까지 추산)으로 급증했다. 1997년 아시아 외환위기와 1998년 5월사태를 거친 후 1999년에 한인 수가 10,078명으로 줄었다가, 다시 증가하기 시작해 2001년에 18,879명, 2007년 30,700명, 2011년 36,295명, 2013년에 40,284명, 2015년에 40,741명으로 정점을 찍는다. 이후 2017년에 31,071명, 2019년에 22,774명으로 감소세로 돌아섰고, 2020년 코로나19 팬데믹 영향으로 2021년 17,297명까지 감소했다. 팬데믹 진정과 한국기업의 진출이 늘어남에 따라 한인 수가 다시 늘어서 2023년 25,153명이 됐다.

　2023년 기준으로, 전 세계 재외동포 700만여 명 중 인도네시아 한인의 비중은 4.83%이다. 인도네시아 한인을 다시 체류조건으로 분류하면 장기거주허가증 끼땁(KITAP, Kartu Izin Tinggal Tetap) 보유자가 3,180명, 단기체류허가증 끼따스(KITAS, Kartu Izin Tinggal Terbatas)를 보유한 일반체류자가 21,023명, 유학생 107명, 인도네시아 국적자 843명이다. 지역별로는 인도네시아 주요 섬인 자바섬에 12,976명과 자카르타에 9,790명, 자바 이외 섬에 2,387명이 살고 있다.

　인도네시아는 우리나라와 관련해 '최초' '1호' 수식어가 붙은 역사가 많다. 1968년 '한국 해외 투자 1호' 한국남방개발(KODECO)의 원목 사업,

1973년 '한국 최초 해외 생산공장 1호'인 대상(당시 미원), 1981년 '한국 최초 해외 유전 개발 사업' 서마두라 유전 공동 개발, 1992년 우리나라 대외 무상원조 기관인 코이카의 해외사무소 1호 설치 국가. 한국이 만든 고등훈련기 T-50과 잠수함을 가장 먼저 사준 국가이다. 찌아찌아족의 한글 도입은 한글 수출 1호 사례로 꼽힌다. 이렇게 한국인들은 낯선 땅 인도네시아에서 없는 길을 만들며 한국과 인도네시아의 발전과 개인의 성공을 이뤄냈다.

이 책은 인도네시아에서 활동하고 있는 한국 기업과 한국인에 대한 이야기이다. 한국과 인도네시아가 외교관계를 어떻게 발전시켜 왔는지, 한국기업은 인도네시아에서 어떤 사업을 어떻게 펼쳤는지, 한국인들은 인도네시아에서 어떻게 살고 있는지 등에 관한 기록이다. 1장 한국인, 2장 경제·비즈니스, 3장 외교로 구성됐다.

1장에는 한인회와 한인단체, 정부기관, 한국학교 등을 통해 한인사회가 성장하는 과정을 기록했고, 한인들의 생활을 살피고 현지에서 정체성을 유지하며 삶을 풍성하게 만들어 가는 모습도 담았다. 다만 이 책은 한인회 주관으로 진행된 만큼 한인회와 한국대사관의 기록을 중심으로 서술되어, 좀 더 다양한 한국인들의 이야기를 담지 못한 점은 아쉬움으로 남는다.

2장에는 지난 50년간 한국기업이 인도네시아에 진출한 시기와 산업을 살펴봄으로써 양국의 경제개발이 상호보완적으로 맞물려 진행됐음을 보여준다. 한국기업이 인도네시아에 첫발을 디딘 후 2024년 현재까지 역사를 크게 네 단계로 나누어 서술했다. 각각의 출발점은 1968년, 1986년,

2003년, 2018년이다. 한국기업의 인도네시아 진출과 성장, 안정적인 정착의 반세기는 불굴의 의지와 열정을 가진 한국인의 도전 정신을 통해서 일구어낸 값진 시간이다. 또한 인도네시아는 한국기업의 해외 시장 개척에 발판을 마련해 준 우방국으로서 큰 의미를 가진다.

3장에는 한국과 인도네시아의 외교 관계를 발전 단계에 따라 태동기, 초창기, 성장기, 제1차 성숙기, 제2차 성숙기 등 다섯 단계로 나누었으며, 각 시기별 챕터 서두에 시대적 특징을 요약하여 전체 흐름을 파악할 수 있도록 했다.

한인과 한인 단체의 기록은 이 책을 쓰는데 중요한 사료로 활용됐다. 인도네시아에 온 한인들은 나라를 빼앗겼던 일제 식민시기부터 재자바조선인민회를 설립하고 회보를 만들어서 소통하고 기록했지만 오늘에 전해지지 않아서 안타깝다. 자바섬에서 근무한 일제 포로감시원 안승갑과 이상문의 개인 기록은 후일 고려독립청년당 당원들이 독립유공자로 추서되는 근거 중 하나가 됐다. 1964년에 인도네시아에 진출한 현대 한국인들도 대한민국 거류민회를 결성하고 거류민회보를 발행했다. 이후 거류민회는 재인도네시아 한인회로, 거류민회보는 한인회보를 거쳐 한인뉴스라는 이름으로 오늘에 이르고 있다. 상공회의소, 산업협의회, 종교단체, 동문회 등 단체도 개별적으로 사건과 현황을 정리한 간행물과 회보를 꾸준히 발간했다.

개인이 사명을 갖고 한인사와 인물사를 기록한 노력도 있었다. 지역전문가 김문환은 1970년대 원목회사 직원으로 인도네시아에 발을 디딘 후, 1호 한인으로 인정받는 고 장윤원 선생의 후손들과 일제 징용으로 끌려와 정착한 소수의 한인과 그들의 후손들 중 일부를 직접 만났다. 또 1964년부터 진출한 현대 한국인들을 초기부터 만날 수 있었던 경험을 직접 기록으로 남기는 작업을 해왔다.

재인도네시아 한인회는 장윤원 선생이 자카르타에 도착한지 100년째 되는 해인 2020년을 기념해 한인들의 인도네시아 진출 역사를 정리한 『인도네시아 한인100년사』를 출판했다. 2023년 9월 21일에는 한국-인도네시아 수교 50주년을 기념해 한국과 인도네시아 간 교류 역사와 인도네시아 속 한국인들의 이야기를 인도네시아인들에게 알리기 위해 인도네시아어로 책『Merajut Persahabatan dan Memupuk Kepercayaan(우정을 엮어 신뢰를 쌓은)』을 출판했다. 그리고 2024년 9월 20일 한인의 날을 맞이해 한국에 인도네시아에 거주하는 한인들에 대한 이야기를 소개하는 책『인도네시아로 간 오랑꼬레아』를 출간하게 됐다.

이주자의 삶은 녹록하지 않다. 인도네시아에서는 외국인으로서 조심해야 하고, 한국에서는 물정을 모르는 재외동포로서 어색해 한다. 한 사람이 고국의 보호와 안정감을 박차고 해외로 나가게 하는 동력은 무엇일까? 이 책은 단기간 머물다 가는 여행자나 학자의 눈이 아닌 장기간 일하며 살고 있는 거주자이자 생활인의 기록이다. 이 책이 한국과 한국인들이 인도네시아로 간 한인에 대해 궁금해하는 점을 설명해 줄 수 있기를 바란다.

이제 한국과 인도네시아는 수교 반세기를 맞았다. 양국이 외교와 국방, 경제와 비즈니스에서 떼려야 뗄 수 없는 관계가 됐다. 이 책의 주인공들은 인도네시아에 사는 한국인으로, 인도네시아에 관심과 애정이 크고, 인도네시아 상황에 많은 영향을 받는 사람들이다. 한편으로는 수시로 한국을 오가고, 언젠가는 한국으로 돌아가야 하므로, 시선이 한국으로 향하는 사람들이다. 이 책이 한국과 인도네시아가 협력하고 우정을 나누며 함께 성장할 수 있는 상호보완적인 관계에 있고, 그 관계 안에서 움직이는 한국인들을 발견하는 계기가 되길 바란다.

김문환 선생을 비롯해 개인의 경험을 이야기 해주시고 사진과 서류 등 귀한 자료를 제공해 주신 여러 한인들, 다양한 사람들의 의견을 조율하고 지원을 아끼지 않은 한인회의 박재한 회장님께 특별히 감사드린다. 또한 『한인뉴스』 홍석영 편집장님의 꼼꼼한 조언과 편집과 출판에 최선을 다해준 〈좋은아침〉의 김구정 대표님께도 감사드린다.

2024년 8월 30일 자카르타에서

신성철, 조연숙

- ◆ **발간사** 수교 50년을 넘어 우정의 100년을 준비하며 ········· 4
- ◆ **축 사** 한국과 인도네시아 수교 50년, 더 나은 미래를 향하여 ······· 7
- ◆ **머리글** 인도네시아의 오랑꼬레아 ·············· 9

제1부 인도네시아로 간 한국인, 오랑꼬레아

- ◆ 인도네시아에서 한국인의 삶 ·············· 24

1장. 인도네시아 한인 역사 : 항일독립운동의 발자취 ········· 28

- ◆ 인도네시아 한인 진출역사 ·············· 28
- ◆ 인도네시아 한인1호, 장윤원과 그의 자녀들 ········· 29
- ◆ 한인 포로감시원 ·············· 32
- ◆ 일본군 위안부 ·············· 33
- ◆ 고려독립청년단과 항일독립운동 ·············· 35
- ◆ 인도네시아 최초 한인조직, 재자바조선인민회 ········· 36
- ◆ 인도네시아 독립을 위해 싸운 사람들 ·············· 38
- ◆ 인도네시아에 남은 사람들 ·············· 38

  [인물] 인도네시아에 족적을 남긴 사람들
  양칠성 : 인도네시아 독립영웅 ·············· 40
  허 영 : 인도네시아 영화산업의 선구자 ·············· 42
  김만수 : 네덜란드의 은인, 한인사회의 맏형 ·············· 43
  유형배 : 인도네시아 최초의 메리야스 공장 설립 ·············· 44

2장. 인도네시아 한인 사회의 중심 : 재인도네시아한인회 ······· 46

- ◆ 인도네시아 한인공동체의 태동, 거류민회 ·············· 46
- ◆ 한인공동체를 대표하는 공간, 코리아센터 ·············· 48

CONTENTS

- ◆ 한인들의 목소리를 대변한 거류민회 ········· 49
- ◆ 한인회, 인도네시아를 넘어 세계로 ········· 50
- ◆ 부자(父子) 한인회장 ········· 51
- ◆ 위기와 영광의 순간 한인사회의 구심점 역할 ········· 51
- ◆ 한인역사 바로 세우기 ········· 52
- ◆ 재인도네시아한인회총연합회와 지역한인회 ········· 54
- ◆ 인도네시아 한인사회의 아카이브, 『한인뉴스』 ········· 55

3장. 인도네시아 한인 공동체 : 한국학교와 한인단체들 ········· 57
- ◆ 자카르타한국국제학교 ········· 57
- ◆ 한국인의 삶을 풍성하게 만든 한인여성들 ········· 60
- ◆ 공공외교의 첨병, 재인도네시아한국부인회 ········· 61
- ◆ 한류의 마중물, 한인문화예술 단체들 ········· 63
- ◆ 한인공동체의 지형을 바꾼 한국 기반 단체들 ········· 66
- ◆ 동문회와 향우회 그리고 자선단체들 ········· 67

4장. 인도네시아 한인 생활 : 한인미디어와 편의시설 ········· 69
- ◆ 한인들의 소통 중심, 한인미디어 ········· 69
- ◆ 한인들의 라이프 스타일 ········· 71
- ◆ 한식당 ········· 72
- ◆ 한인전용 게스트하우스 ········· 73
- ◆ 한인마트 ········· 74
- ◆ 한국 콘텐츠 ········· 75
- ◆ 한인타운 ········· 75
- ◆ 김치와 한국음식 ········· 76
- ◆ 현지인 가사도우미와 기사 ········· 77

5장. 인도네시아 한인 종교활동 : 교회와 성당, 절과 사원 ·········· 78

- ◆ 개신교와 한인교회·· 79
- ◆ 가톨릭과 한인성당·· 81
- ◆ 불교와 한인사찰·· 83
- ◆ 이슬람과 한인무슬림·· 84

6장. 인도네시아에서 한국을 알리는 사람들 ················· 86

- ◆ 인도네시아로 간 한국인 유학생들 ···································· 86
- ◆ 인도네시아어 전공자들의 활약 ······································· 89
- ◆ 인도네시아에 한국을 알리는 한국학 ·································· 92

  [인터뷰] 한국-인도네시아를 연결하는 사람들
  수라이 아궁 누그로호 : 국립가자마다대학(UGM) 한국문화학과 교수 ·········· 96
  오바 에밀리아 : 국립가자마다대학(UGM) 총장 ······························ 99

제2부 인도네시아로 간 한국 기업, 기업인

- ◆ 한국-인도네시아 교류의 핵심동력은 경제협력························· 104

1장. 초창기 : 인도네시아의 자원을 찾아서 ················· 108

- ◆ 최초 해외직접투자 '코데코'와 최초 해외공장 '미원' ···················· 108
- ◆ 산림개발에서 그린비즈니스로·· 111
- ◆ 조림산업과 산림협력·· 114
- ◆ 인도네시아에 뿌리내린 한국건설····································· 115
- ◆ 인도네시아 건설시장의 기회와 도전·································· 120

CONTENTS

[이슈] 한국기업, 인니산업구조 변화에 큰 역할
인도네시아 경제개발계획 ·················· 123

[기업인] 한국-인도네시아 경제발전에 기여한 기업인
최계월 : 코데코(KODECO) 회장, 해외자원개발의 선구자 ·················· 129

2장. 성장기 : 제조업 중심의 한국기업 투자 급증 ·················· 132

- ◆ 25만명 고용 창출한 한국 신발업체 ·················· 134
- ◆ 인도네시아 봉제수출 70% 한국 봉제업체 ·················· 138
- ◆ 중부자바와 족자에 자리잡은 가발과 골프장갑 제조업 ·················· 143
- ◆ 전자산업, 가전에서 디지털 기업으로 환골탈태 ·················· 145

[단체] 한국-인도네시아 경제발전에 기여한 코참
재인도네시아 한인상공회의소 ·················· 149

3장. 1차 성숙기 : 자본·기술집약산업의 진출 ·················· 151

- ◆ 중화학공업, 유통, 금융, ITC, 한류, 방산 등 투자 증가 ·················· 151
- ◆ 블루오션 인도네시아 '금융산업', K-금융 진출 러시 ·················· 155
- ◆ 한류 열풍을 타고 비상하는 한국 제품·서비스 ·················· 157
- ◆ ICT 산업, 틈새시장 공략 전략으로 접근 ·················· 161

4장. 2차 성숙기 : 미래산업 경제협력 기회와 도전 ·················· 165

- ◆ 한-인니, 미래 경제협력의 기회와 도전 ·················· 165
- ◆ 현대차, 인도네시아를 거점으로 아세안 시장 공략 ·················· 168
- ◆ 인도네시아에 전기차 배터리 밸류체인 구축 ·················· 171
- ◆ 할랄시장에서 잠재력이 큰 인니와 협력의 중요성 ·················· 173
- ◆ 인도네시아 신수도 사업 협력 ·················· 176

[이슈] 한국-인도네시아 항공자유화 협정
한국-인도네시아 항공회담 ·················· 178

제3부 한국-인도네시아 수교50년, 우정의 발자취

- ◆ 어려울 때 돕는 친구가 진정한 친구 ·········· 182

1장. 태동기 : 인도네시아, 남북한 외교 각축장 ·········· 186

- ◆ 초반 남한과 북한의 외교전 각축 ·········· 186
- ◆ 주인도네시아 한국총영사관 설립 ·········· 188

  [인물] 인도네시아의 지한파 장군
  베네 무르다니 : 인도네시아 현대사의 주역 ·········· 191

2장. 초창기 : 대사급 관계 수립 및 양국 정상 방문 ·········· 193

- ◆ 협력과 신뢰의 토대 마련 ·········· 193
- ◆ 초창기 군사 관계 및 인도네시아에 쌀 지원 ·········· 194
- ◆ 양국 정상 최초 상호국가 방문 ·········· 195
- ◆ 한국과 인도네시아 지방자치단체 자매결연 ·········· 196

  [인물] 초대 주한 인도네시아 대사
  사르워 에디 위보워 : "한국을 닮으라" ·········· 198

3장. 성장기 : 양국 협력관계 역동적으로 발전 ·········· 200

- ◆ 양국 협력 확대와 가시적 성과 ·········· 200
- ◆ 수하르토, 한국의 발전모델 적용 희망 ·········· 200
- ◆ KOICA 최초 해외사무소 설립 ·········· 202
- ◆ 인도네시아 외교·안보·경제 협력 강화 ·········· 203
- ◆ 메가와티 대통령의 남북 동시 방문 ·········· 205

  [인물] 인도네시아의 지한파 경제·정치인
  소피안 와난디 : 진정한 활동가·사업가 ·········· 206
  메가와티 수카르노푸트리 : 한반도 평화에 앞장 ·········· 209

CONTENTS

4장. 1차 성숙기 : 동반자 관계의 발판 마련 ····· 211
- ◆ 미래를 향한 동행, 전략적 동반자 관계 ····· 211
- ◆ 에너지·자원 분야 협력 활성화 ····· 212
- ◆ 전략적 동반자 관계의 재도약 ····· 213
- ◆ '인도네시아 경제개발 마스터플랜'의 주파트너 ····· 215
- ◆ 상생 공동번영을 위한 새로운 미래 동반자 관계 구축 ····· 216

  [기관] 주아세안 대한민국 대표부
  아세안 회원국의 통합과 발전 ····· 217

5장. 2차 성숙기 : 미래를 향한 우정의 동행 ····· 219
- ◆ '특별 전략적 동반자 관계' 격상 CEPA 발효 ····· 219
- ◆ 아세안 4강국 수준 관계 격상 ····· 220
- ◆ '특별 전략적 동반자관계'에 걸맞은 실질협력 내실화 ····· 221
- ◆ 공급망·인프라·방산 협력 강화 ····· 222

  [인물] 양국 협력의 중심 인도네시아 대통령
  수실로 밤방 유도요노 : 한국 무궁화 대훈장 수훈 ····· 223
  조코 위도도 : 양국관계 고도화에 기여 ····· 224
  프라보워 수비안토 : 4성장군-사업가-정치인-대통령 ····· 226

부록 ····· 229
- ◆ 참고문헌 ····· 229
- ◆ 인도네시아 역사연대표 ····· 232
- ◆ 인도네시아 전도 ····· 234

제1부

인도네시아로 간 한국인, 오랑꼬레아

인도네시아에서
한국인의 삶

한국을 떠나 인도네시아로 오면 우리 국민에서 외국인이 되고, 다수자에서 소수자, 무슬림이 주류인 사회에서 비무슬림이 된다. 인도네시아에 사는 한국인들은 한국인임을 자랑스럽게 생각하며 한국인의 정체성을 잘 유지해 왔다. 최근에는 인도네시아 국적을 취득하고 영주하려는 한국인이 증가하는 추세이지만, 상대적으로 미국과 유럽 등지의 한국인들과 비교해 국적을 취득하거나 영주하려는 비율은 크게 낮다.

인도네시아는 민간인이 한국정부보다 먼저 진출한 국가로, 한인 사업가들이 성금을 모금해서 한국대사관 부지를 매입해 준 것을 포함해 진출 초기에 다양한 방법으로 한국 정부와 대사관을 지원했다. 한국 해외 진출의 개척자이자 한국을 도운 재외동포라는 점은 인도네시아 한인의 큰 자부심이다. 2018년 평창동계올림픽 때는 다문화가정 자녀들이 한국을 방문해 올림픽을 참관할 수 있도록 지원했다. 2018년 자카르타·팔렘방 아시안게임 때는 종목별로 동포 응원단을 꾸려서 경기장에서 선수들을 응원하고, 경기장 밖에서는 한식을 대접하고 부족한 물품을 구입해 주는 등 물심양면으로 지원했다.

1960년대 중반부터 현재까지도 대부분의 한국인은 취업과 사업 등 경제 활동을 위해 인도네시아로 왔다. 목재, 건설, 신발, 봉제, 전자, 중화학공업, 유통 등 산업을 중심으로, 이들을 지원하는 금융업과 인허가 관련 컨설팅업체, 한식당과 여행사 등이 순차적으로 생기면서 한국인의 활동 업종이 다양해졌다. 대기업과 중소기업을 합해 한국계 기업은 2천개 이상으로 추산되며, 제조업을 기반으로 근면하게 경제활동을 한다.

　인도네시아는 남한과 북한이 만나는 완충지대이다. 인도네시아는 아시아에서 남북 대사관이 동시에 설립된 최초의 국가이다. 2018년 자카르타·팔렘방 아시안게임과 장애인 아시안게임 때 남북한 공동 입장, 여자농구·카누·조정 등 일부 종목이지만 단일팀이 구성됐고, 현지 남북한 동포들이 공동응원도 했다. 개막식에는 이낙연 총리와 리룡남 북한 내각부총리가 참석해 주목을 받았다. 메가와티 수카르노푸트리 전 대통령은 남북한을 동시에 방문해 메시지를 전달했다. 한반도 분위기에 따라 달라지긴 하지만 한국인이 쇼핑몰에서 마주친 북한사람과 인사할 수 있고 북한식당을 갈 수 있는 곳이 자카르타이다.

　한국인들은 인도네시아에서 인도네시아어로 생활한다. 당연한 말 같지만 당연하지 않기도 하다. 네덜란드 식민지를 한 인도네시아는 영어권이 아니다. 말레이시아나 싱가포르 같이 영국 식민지를 경험한 국가에서는 외국인이 영어로 생활할 수 있다. 국립인도네시아대학교(UI) 외국인을 위한 인도네시아어 과정(BIPA)에는 한국인 학생 비중이 60~70%에 이를 정도로, 한국인들은 인도네시아어를 적극적으로 배운다.

　인도네시아에서 한국인들은 종교단체, 동문회, 향우회, 문화·예술단체 등 활동을 통해 다른 한국인들과 교류하며 외로움을 달랬고, 한국 전통문화를 보존하고 2세들에게 전하는 역할을 했다. 자카르타한국국제학교(JIKS)는 한국인 이주 초기인 1976년에 설립돼 2세들이 한국인으로서 정체성을 가질 수 있는 교육을 시작했다. 선교 활동의 일환이지만 선교사들은 현지 사회에 깊숙이 들어가서 구호활동을 펼치고 한국어와 한국 문화를 전파하는 역할을 해왔다.

　현지에서 한국인들은 한국문화와 한국음식을 전파하는 디딤돌이었다. 한국음식을 먹어야 하는 한국인들은 한식당의 든든한 소비자였고, 인도네시아인에게 한국음식을 소개하는 역할도 했다. 덕분에 2000년대 중반에 자카르타에 한식낭 수가 100개를 넘겼다. 지금처럼 한국과의 교류가 활발하지 못했던 진출 초기에 인도네시아에서 열리는 문화 행사에 한국무용을 공연하고 다도 시범을 보이고 인도네시아와 한국 화가교류전을 시작한 사람들도 인도네시아 거주 한국인들이다. 인도네시아 소수 종족 가운데 하나인 찌아찌아족이 한글을 문자로 도입하게 된 배경에도 앞서 한국어와 한글을 소개하는 활동이 있었다.

한편으로 한류의 전파와 한국 정부가 인도네시아와 외교, 비즈니스, 문화 협력 등을 강화하고 있는 점은 현지에서 한국인의 위상을 높였고 생활의 편의를 크게 개선했다. 일본인이 아니고 조선인이라고, 북한사람이 아니고 남한사람이라고 강조해야 했던 과거와 달리, 지금은 인도네시아인이 먼저 한국인이냐고 물어주고 반가워해준다. 현지인들이 한국 식품과 화장품 등을 소비하게 되면서 인도네시아에서 한국 제품을 구입하기도 훨씬 쉬워졌다. 한국대사관, 한국문화원, 관광공사, 농수산물유통공사 그리고 민간단체들의 한국문화행사는 인도네시아인만이 아니라 현지 한국인들의 삶에도 활력을 더한다.

인도네시아에서 한국인들은 폭동과 테러 같은 위기에 직면하면 적극적으로 대응했고, 지진과 화산폭발 등 자연재해를 겪으면서 자연에 순응하고 서로 돕는 삶을 배웠다. 1998년 5월 인도네시아 민주화 시위와 폭동 때 현장을 지킨 한국기업은 인도네시아인과 해외 바이어들의 신뢰를 얻어서 도약의 기회를 맞았다. 자연재해를 당하면 일시적이나마 절대 결핍과 무력함을 느끼는데, 이때 적절한 긴급구호는 상황이 악화되지 않게 관리하고 피해자들을 위로하는 소중한 역할을 한다. 인도네시아 한인들은 직접 구호품과 구호금을 전달하고 구호활동을 펼치며, 무엇보다 한국 정부와 기업 그리고 여러 단체들의 지원을 필요한 곳에 도달하게 하는 매개역할을 해왔다.

인도네시아에 사는 한국인들은 한국과 인도네시아 모두에서 정치 참여가 어렵기 때문에 정치에 대한 관심이 덜하고 대신 가족과 스스로에게 집중한다. 요즘은 교통과 통신이 발달해서 인도네시아와 한국이 동조화하고 있지만, 과거에는 한인들이 한국의 변화 속도를 따라잡지 못해서 한국의 가족과 소통을 못하거나 한국에서 이방인처럼 행동해야 했던 아쉬움도 있었다.

한국인들은 인도네시아에 살면서 인도네시아인을 닮아간다. 특히 자바 예절은 목소리를 크게 하지 않고 갈등을 드러내지 않으며 대화와 협상을 한다. 이슬람이 주류인 공간에서 기독교인으로 살려면 교회 안에서는 뜨거워도 교회 밖에서는 조용해야 한다. 인두네시아어를 생활어로 말하고 인도네시아 전통 의상인 바틱 옷을 즐겨 입으면서 조용히 협상하는 모습과 삼겹살에 소주를 마시며 큰 목소리로 한국말을 해야 속이 후련해지는 모습. 모두 인도네시아 한국인 안에 있는 모습이다. 자연재해 때는 서로에게 구호의 손길을 내밀었다. 폭동 때 한국인을 지켜준 사람들은 평소에 잘 지내던 이웃의 인도네시아인들이었고, 한국기업을 지켜준 사람들은 현지인 직원들이었다. 한국인들은 인도네시아인과 어울려 살면서 인도네시아에서 배우고 성장하며 한국과 인도네시아의 가교가 되고 있다.

1장

인도네시아 한인 역사
: 항일독립운동의 발자취

◆ 인도네시아 한인 진출역사

　1920년부터 1960년대 초까지를 한국인의 인도네시아 진출 태동기로 분류한다. 하지만 이보다 앞서 자바섬과 말라카해협 인근에서 활약했던 인삼 상인에 대한 기록은 1890년대부터 존재한다. 인삼의 나라 한국답게 인도네시아 체류 한인의 선봉은 인삼 판매상들이었다. 1916년 조선총독부는 싱가포르에서 네덜란드령 동인도(현재의 인도네시아)로 가기 위해 여권 발급을 기다리던 한인 인삼 판매 행상에 대한 기록을 남겼다. 1930년에 싱가포르에서 인삼 행상을 했던 한인이 동아일보에 보낸 편지를 보면, 당시 바타비아(현 자카르타)에 한인이 체류했으며 이들의 상당수가 인삼 행상이었음을 알 수 있다.

　20세기 초에 인도네시아로 건너온 한인들은 일본과 관계가 있다. 인도네시아 한인 1호로 불리는 장윤원은 1919년 3·1 운동 직후 일제의 탄압을 피해서 중국을 거쳐 인도네시아로 건너갔다. 태평양전쟁 시기에 인도네시아에 온 한인들의 대부분은 자신의 의지와 상관없이 일본제국의 강압으로 끌려온 사람들이었다. 일제는 영국과 미국을 비롯한 연합국을 상대로 전쟁을 벌여 태평양전쟁으로 확전되었고, 석유와 고무 등 천연자원이 풍부한 인도네시아를 점령한 후 한인들을 보냈다. 이들은 일본군 포로감시원과 일본군 위안부, 민간인 신분의 보도요원, 영화감독, 농업 전문가, 위안소 운영자 등이 있었다. 그들은 일본군 소속이든 아니든 가릴 것 없이 낯선 땅에서 굶주림과 고된 노역과 차별 대우를 견뎌야 했다.

한인이지만 국적은 식민통치국인 일본으로 되어 있었고, 인도네시아에서 살았던 이들은 한인이면서 일본인이기도 하고 인도네시아인이기도 한 다중적인 정체성을 가지고, 조국의 독립과 개인의 생존을 위해 각기 다른 선택을 했다. 일부는 스스로 항일독립을 위한 비밀결사조직을 만들고, 인도네시아 민족주의자들이나 현지 화교들과 협력해 인도네시아에서 항일독립운동을 했다. 일제 패망 후에는 일본인에 대한 인도네시아인의 보복공격을 피하기 위해 스스로를 일본인과 분리하면서 한인의 정체성을 더 강조했다.

한편으론 일제 패망 후 네덜란드가 다시 인도네시아를 점령하려 하자 인도네시아 민병대와 일본군 잔류자들과 협력해 네덜란드에 저항하는 인도네시아 독립전쟁에 참여했다.

1940년대에 온 한인 가운데 대다수는 일본이 패망한 후 2~3년 사이에 한국으로 귀국했지만 소수는 남아서 인도네시아에 족적을 남겼다. 그리고 살아남은 사람들은 1960년대에 인도네시아로 온 한국인과 조우했다.

◆ 인도네시아 한인1호, 장윤원과 그의 자녀들

인도네시아에 사는 한인들은 장윤원을 인도네시아에 정착한 최초의 한인으로 추대하고, 그가 도착한 날을 인도네시아 한인 역사의 시작일로 기념한다. 장윤원은 일제 패망 후 한인 포로감시원 구명 운동과 민간

장윤원 가족

인 귀환을 도왔고, 그의 자녀인 장남해와 장평화는 1970년대에 인도네시아에 온 한국인의 정착을 돕는 가교 역할을 톡톡히 했다.

장윤원(1883~1947년)은 1920년 당시 인도네시아를 식민지배했던 네덜란드령 동인도(현 인도네시아) 총독부 고위관리 안젤린(de Kat Angeline)의 권유로 자카르타에 망명해서, 총독부에서 일본어 통역고등문관으로 일했다. 앞서 그는 일본 동경제국대학 상과를 졸업한 뒤 한반도의 일본 은행에서 근무하며 은행원 직책을 활용해 독립운동자금을 지원하다가 발각됐다. 1919년 3·1운동 직후 일제가 그에게 체포령을 내리자 만주를 거쳐 베이징으로 도주했고, 그곳에서 안젤린을 만났다. 1920년 9월 바타비아(현 자카르타)에 도착한 이후 1947년 사망 시점까지 27년 간 인도네시아에 살았다.

1921년 장윤원은 중국계 인도네시아인 황항아와 결혼해 남해, 창포, 방기, 순일, 평화 등 2남 3녀를 두고, 안정적인 삶을 꾸리는 듯했으나, 인도네시아가 일본에 정복당하면서 다시 고초를 겪었다. 인도네시아를 점령한 일본군은 1942년 3월 인도네시아를 점령하자마자 그를 체포해 고문과 구타를 하고 자카르타 글로독 형무소에 수감했다. 그는 1945년 8월 종전으로 출옥한 뒤 자신의 귀국조차 미루고 한인 포로감시원 구명운동과 민간인 귀환 문제를 해결하기 위해 백방으로 뛰어다녔다. 또 〈재자바조선인민회〉 출범을 도왔다. 안타깝게도 장윤원은 고문 후유증과 수형 생활로 악화된 건강을 회복하지 못하고 1947년 11월 23일 자카르타에서 숨을 거뒀다.

장윤원이 인도네시아에서 결혼해 낳은 자녀 중 한인사회에 기억되는 인물은 세 명이다. 장남 장남해(1921~?)는 부친 장윤원과 함께 일본 헌병에 체포돼 고초를 겪었다. 장남해는 1945년 9월 1일 결성된 재자바 조선인민회로부터 발급받은 100번째 회원증을 한국과 아버지와 자신을 연결하는 소중한 증표로 여겨 죽는 날까지 간직했다고 전한다. 그는 1980~1990년대에는 건설 업종으로 진출한 한국기업의 현지인 파트너로 활동하기도 했고, 자카르타 한인 가톨릭 공동체에 참여하면서 한인들의 정착과 한인성당의 설립을 안내하고 지원했다.

차남 장순일(1927~1995년)은 인도네시아에 큰 기여를 한 인물로 기억된다. 그는 네덜란드에서 유학할 당시 '재네덜란드 인도네시아 가톨릭대학생 연합회'를 조직해 초대 회장을 역임했다. 귀국 후 1960년 6월 1일에 가톨릭 유학생들과 공동으로 가톨릭계 대학교인 아뜨마자야대학교(Universitas Atmajaya)를 자카르타에 설립하고, 공대학장과 건축본부장을 역임하며 자카르타 스망기 캠퍼스와 쁠루잇 소재 대학병원 등을 건축해 현재의 캠퍼스 골격을 구축했다. 로마 교황청은 이 공로를 인정해 1990년에 아뜨마자야 대학교 개교 30

장순일 선생과 부인 코 시옥 판 여사, 1989년 요한 바오르 2세 교황은 인니 방문 직후 장순일 선생에게 실버메달 훈장을 수여함.

주년 기념 행사에서 민간인에게 주는 최고 훈장인 '실버메달'(Equitem Commendatorem Ordinis Sancti Silvestri Papae)을 장순일에게 수여했다.

셋째 딸인 장평화(1942~2016년)는 국립 인도네시아대학교(UI) 영문과를 졸업하고 대학 조교로 근무하면서, 한국대사관 직원 가족들에게 인도네시아어를 가르쳤다. 이어 1966년에 설립된 한국총영사관에서 비서로 근무했다. 1971년 김좌겸 총영사의 배려로, 장평화는 한국을 방문해 친척들과 만나기도 했다. 1974년 3월에 장평화는 한국인 여한종과 자카르타 시내 성마리아대성당에서 결혼식을 올렸다. 여한종은 외무부(현 외교부)에 채용돼, 주인도네시아 한국대사관에서 공사를 역임했고, 주파푸아뉴기니 대사를 끝으로 정년퇴임 후 귀국했다. 장평화는 2016년 별세할 때까지 한국에서 살았다.

◆ 한인 포로감시원

1942년 일제가 강제로 징집해 파견한 한인 약 1,400여명이 자카르타 딴중쁘리옥 항구에 도착했다. 일제는 태평양전쟁에 나서며 인도네시아까지 전선이 확대되어 억류한 연합군 포로(와 그 가족)의 수가 26만 명을 넘어서자 이들에 대한 감시와 감독을 위해 1942년 3월에 군사목적(군인, 군속, 군위안부, 노무자 등)으로 식민지 한국과 대만에서 강제동원한 민간인 약 5,000명을 동남아시아 전역의 포로수용소에 파견했다.

이때 동원된 한인 3,000여 명 중 약 1,400여 명이 자바섬 자카르타, 반둥, 찔라짭, 수라바야, 스마랑 등지의 포로수용소에 배치되어 포로 감시와 노역을 했다. 애초 포로감시원은 2년 연한의 계약직 군속 신분이었으나, 일제가 계약관계를 일방적으로 폐기하고 무기한 근무를 강요했다. 반둥에서 포로감시원으로 근무한 안승갑은 일제가 한인 군속들에게 약속한 월급을 제대로 주지 않았을 뿐 아니라 강제로 저축하게 하고 이를 돌려주지 않았다고 생전에 증언했다.

일제 패망 후 포로감시원으로 활동했던 한인은 일본군의 일부이자 전쟁범죄자로 인식되어 다른 한인들(강제징용 노무자나 위안부 등)과 분리된 채 전범재판에 회부되고 사법 처리되는 고초를 겪어야 했다. 전범 혐의에서 벗어난 이들도 고국 귀환 과정이 순탄하지 않았다. 대부분의 한인들은 수용소에서 굶주림과 풍토병에 시달리다가 싱가포르와 일본 등

18. 安承甲(安田桂薰)

일제 군속시절 안승갑

지를 거쳐 어렵게 한국 땅으로 돌아갔지만, 고국 땅을 밟지 못하고 사망한 사람도 많았다.

◆ 일본군 위안부

당시 인도네시아에서 근무한 일본군 군속들의 증언과 2009년 발간된 『인도네시아 동원여성 명부에 관한 진상보고서』에 따르면, 자카르타에 있던 제6위안소(현 보로부두르 호텔 인근)에 한인 여성 7명이 있었고, 중부자바주 암바라와와 동부자바주 수라바야 지역에도 한인 위안부가 있었다. 일본군이 주둔했던 수마트라뿐 아니라 칼리만탄, 술라웨시, 암본 등 인도네시아 동부 지역에도 한인 위안부의 흔적이 남아있다. 해방 직후 귀국선을 타기 위해 자카르타에 있던 〈재자바조선인민회〉에 집결한 한인들은 포로감시원과 민간인들로 구성되어 있었다. 민간인 그룹 중 여성들은

암바라와 군위안소 유적

정서운

일본군 위안부, 또는 일본군에 의해 간호사로 위장된 일본군 위안부들이 포함되었다.

일본군 위안부 정서운(1924~2004년)은 일제에 저항하다 투옥된 아버지를 풀어준다는 이장의 말에 속아서 1938년에 중국 광동성을 거쳐서 자바섬 스마랑으로 끌려갔다. 정서운은 성노예 위안부를 부정하는 일본 정부 앞에 "내가 스마랑 암바라와 지역의 일본군 위안부"라고 직접 반박했다. 정서운은 함께 끌려온 여성 13명 중 6~7명, 즉 절반만 종전 후까지 살아남았으며, 일본이 패망한 후 싱가포르를 거쳐 1946년 4~5월경 부산항을 통해 귀국했다. 암바라와 군위안소는 인도네시아 정부가 소유한 전쟁유적지이지만 70년 이상 방치되어 있다가 최근 리모델링 작업을 하고 있으며 2024년 하반기에 완공될 예정이다.

◆ 고려독립청년단과 항일독립운동

항일독립운동은 한인이 거주하는 곳이면 어느 곳에서나 전개되었고, 인도네시아에서도 항일독립운동이 이루어졌다. 자바의 한인 군속 총 16명이 1944년 12월 29일 자카르타에 모여 이억관(본명 이활 1907~1983)을 중심으로 상해 대한민국임시정부를 따르는 항일 비밀결사체 고려독립청년당 설립을 결의했다. 고려독립청년당은 '암바라와 거사'를 행하고 일본군의 '수송선 스미레마루호 탈취 계획'을 세우고 시도했으나 실패로 돌아가고 말았다. 조국의 독립을 위해 싸웠던 이들은 인도네시아 독립을 위해 항일투쟁을 벌이던 인도네시아 민족주의자들과 중국계 인도네시아인들과 협력하기도 했다. 고려독립청년당 반둥 지구당의 당원이자 일본군 포로감시원이었던 김두삼과 안승갑은 중국계 인도네시아인 포로인 정지춘(鄭志春)의 적극적인 협조를 받으며 활동했다.

고려독립청년당 결성지였던 수모워노 교육대 자리

1945년 1월 5일 중부자바주 암바라와에 있던 〈자바포로수용소 및 억류소 스마랑 제2분견소〉에서 고려독립청년당 당원인 손양섭, 민영학, 노병한 등 세 명은 일본군의 트럭과 무기를 탈취해서 일본군인과 협력자들을 사살하는 '암바라와 거사'를 일으켰다. 세 사람은 일본군의 추

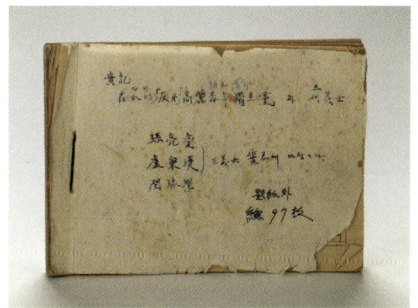

재자바고려독립청년당과 3의사. 안승갑 저

격을 당하자 도피했다가 자살로 마무리했다. 민영학이 자살했던 옥수수 밭은 현재 논으로 바뀌었고, 손양섭과 노병한이 자살한 당시 창고는 암바라와 성요셉성당 뒤편에 위치해 있다.

고려독립청년당은 1945년 1월 8일 일본군 수송선인 스미레마루호 탈취 계획을 세우고 자카르타 수용소에 구금되어 있던 영국군과 네덜란드군, 인도네시아인 장교들과 공모하지만 사전에 적발되어 실패했다. 1945년 7월 일본군에 체포된 고려독립청년당원 10명은 군사법정에서 징역을 선고받고 수감생활을 하다가 종전 후에 석방됐다. 하지만 다시 연합군에 체포되어 전범 조사를 받고 중노동과 굶주림에 시달리다가 1947년에야 귀국했다.

한국 정부는 2011년 11월에 자바에서 한인 포로감시원들이 벌인 항일투쟁을 해외에서 벌인 항일독립운동으로 공식 인정했다. 또한 2008년에 암바라와에서 사망한 민영학, 손양섭, 노병한 등 3인에게 〈건국훈장 애국장〉을, 2011년에는 고려독립청년당 총령인 이억관에게 〈건국훈장 애족장〉, 당원인 이상문, 김현재, 문학선, 박창원, 임헌근, 조규홍 등에게 〈건국훈장포장〉을 수여했다.

◆ 인도네시아 최초 한인조직, 재자바조선인민회

종전 후 전범 처리나 귀국선 탑승을 기다리며 자카르타에 남아있던 한인들은 약 1,600명에 달했다. 그들은 일본군과 분리해서 귀국할 때까지 스스로를 보호하기 위해 한인 공동체를 만들었다. 한국은 광복 후 혼란에 휩싸이면서 일본과 달리 귀국선을 보낼 여력이 없었고, 진짜 전범인 일본인과 지위와 가담의 정도에 따라 한인을 분류하는 과정에 시간이 걸리면서 빠른 귀국이 어려운 경우도 있었다.

1945.12.16. 재자바 조선인민회 반둥지부

 이에 한인들은 인도네시아 각지에 재자바조선인민회를 시작으로 팔렘방조선인민회, 반둥조선인민회, 스마랑조선인민회 등 지역명을 딴 조선인(혹은 고려인)민회를 결성했다. 가장 먼저 설립된 재자바조선인민회(이하, 민회)는 1945년 9월 1일 설립돼 구성원들이 모두 귀국선을 타게 되면서 1946년 4월 13일 해산했다. 자카르타 꼬따(Kota) 지역에 본부를 두고 빠사르 스넨(Pasar Senen) 주택가에 주택을 수십 채 임차하여 극장, 회관, 숙소로 사용하였다. 본부에는 중경임시정부 김구 주석이 보낸 태극기를 게양했다. 민회는 지방에서 올라오는 회원들에게도 숙소를 제공하고 집단 생활 형태를 취하고 있었다. 그리고 일본군과 교섭하여 넉넉히 생활할 수 있을 정도의 생활물자와 자금(군표)을 확보했다. 조선어 교실을 개설해 귀국을 앞둔 동포들에게 모국어를 가르치고, 재봉틀도 비치해 여성들에게 양재기술을 가르치는 등 귀국 준비를 시켰다. 또한 『조선인 민보』라고 하는 기관지를 등사판으로 인쇄해 매주 배포했으며 100호까지 발행했다고 전한다.

◆ 인도네시아 독립을 위해 싸운 사람들

일제가 전쟁에서 패한 후 네덜란드가 다시 인도네시아를 점령하자, 수카르노 대통령이 이끄는 인도네시아 신생 정부는 350년 만에 찾아온 독립의 기회를 사수하기 위해 다시 네덜란드와 4년간 '독립전쟁'을 벌였다. 수카르노 대통령은 강대국인 미국을 비롯한 연합국을 상대로 전투를 벌이기에는 역부족이라고 판단하고, 차선책으로 게릴라전으로 시간을 끌면서 국제 여론에 호소하는 외교전을 선택했다. 인도네시아 정부군은 이를 위해 민병대 창설을 독려하고, 훈련된 전투원과 무기를 확보하기 위해 일본군 출신 하사관과 사병들을 용병으로 중용했다. 이 과정에 한인 35명 가량이 인도네시아 '독립전쟁'에 참전한 것으로 추산한다. 이렇게 참전한 한인 중 이름이 확인된 사람은 양칠성, 정수호, 국재만 등이다. 이들 세 사람은 서부자바 가룻지역에서 활동한 민병대 빵에란 빠빡(Pangeran Papak) 부대에 자원했다. 이들이 민병대에 가입한 시점은 1946년으로 추정된다. 당시 '빵에란 빠빡 부대'에는 한인 4~5명이 있었던 것으로 전해진다.

◆ 인도네시아에 남은 사람들

태평양 전쟁 시기에 인도네시아로 온 한인 중 소수는 귀국하지 않고 인도네시아에 남았다. 영화감독 허영은 족자로 망명한 수카르노 정부에서 홍보 활동을 하고, 독립 후에는 우스마르 이스마일 영화감독 등과 함께 인도네시아 연극과 영화계에 큰 족적을 남겼다.

1962년 자카르타에서 아시안게임이 열리자, 김만수는 포로감시원 시절 동료였던 유형배와 함께 한국 선수들을 위한 지원을 아끼지 않았다. 동아일보 특파원은 1962년 9월 2일자 기사에서 두 사람의 적극적인 봉사 이야기를 소개했다.

반둥포로수용소에서 근무하던 김만수·조남훈 등은 일제에 대한 간접 저항의 하나로 포로들의 외무연락을 담당하였으며, 음식을 제공하여 영양실조에 걸린 네덜란드인 포로들을 도와주었다. 당시 수까미스낀 수용소에서 김만수와 같이 근무했던 한국인 동료로는 유형배·이병용 등이 있었다. 김만수는 중국계 인도네시아인과 결혼하여 자카르타에서 안정적인 삶을 영위하였다. 그는 1966년 한국과 인도네시아의 총영사관 개설에 일익을 담당할 만큼 초창기 한인사회 형성에 공헌했다. 유형배는 중국계 인도네시아인과 결혼하여 1970년대 초에 자카르타에서 사망했고, 이병용은 중국계 인도네시아인과 결혼해 동부자바 주도인 수라바야에서 살다가 그곳에 묻혔다.

[인물] 인도네시아에 족적을 남긴 사람들

양칠성
인도네시아 독립영웅

양칠성(1915~1949)은 인도네시아의 외국인 독립 영웅으로, 인도네시아 이름은 꼬마루딘(Komarudin)이다. 그는 일본군 군속으로 자바섬에 파견되어 연합군 포로를 감시하는 임무를 맡았다. 태평양전쟁이 끝난 후, 양칠성은 귀국하지 않고 한국인 동료 8명과 함께 인도네시아 독립전쟁에 참여했다.

양칠성의 묘비, 오른쪽은 빵에란 빠빡 부대 활동 당시 모습

1946년, 그는 200~300명 규모의 '빵에란 빠빡 부대'에서 행동조의 팀장으로 활동했다. 반둥, 우중버뚱, 발레인더, 갈룽궁 산속 게릴라본부 등에서 벌어진 전투에서 큰 활약을 펼쳤다. 그는 반둥과 족자카르타를 잇는 철도와 도로를 공격하고 다량의 무기를 탈취했다. 또한, 네덜란드 군의 포위를 저지하기 위해 찌마눅(Cimanuk) 다리를 폭파하는 등 폭파 전문가로도 알려졌다.

1948년 11월, 네덜란드 군의 기습 소탕작전으로 양칠성은 아오키, 하세가와, 그리고 부대장 친척 주아나(Juana)와 함께 생포되었다. 1949년 8월 10일, 그는 일본인 동료 두 명과 함께 가룻 시내 공동묘지에서 공개 총살되었다.

양칠성은 인도네시아에서 마나도 출신 여성 린체(Lience Wenas)를 만나 에

양칠성 길

디 자완(Eddy Jawan)이라는 아들을 두었다. 1975년, '빵에란 빠빡 부대' 동료였던 인도네시아인들의 공식 청원으로 양칠성과 아오키, 하세가와는 '외국인 독립 영웅'으로 추서되고 서부자바주 가룻 독립영웅묘지에 안장되었다.

당시 이 행사에 참석했던 우쓰미아이코 게이센여학원대 명예교수 부부가 유족이 없고 일본 이름치곤 이상한 한 사람을 집요하게 추적해서 양칠성이 일본인이 아닌 한국인이라는 사실을 밝혔다. 1995년, 한국 시민단체 등의 노력으로 묘비명이 일본인 '야나가와 시치세이(梁川七星)'에서 'KOMARUDIN, YANG CHIL-SUNG, 양칠성 대한민국'으로 변경되었다.

인도네시아는 독립영웅의 업적을 기리기 위해 독립영웅의 이름을 길 이름에 부여한다. 2023년 11월 10일, 서부자바주 가룻군은 인도네시아 영웅의 날을 맞아 찌뻬중 마을의 찌마눅 다리 진입로를 양칠성의 이름을 따 'Jalan Komarudin Yangchilsung'(양칠성 꼬마루딘 길)로 명명했다. 찌뻬중 마을은 빵에란 빠빡 유격대의 기지가 있던 곳이다.

허영
인도네시아 영화산업의 선구자

허영

허영(1908-1952)은 '독립 인도네시아'를 꿈꿨던 한국인 영화감독으로, 일본식 이름은 히나츠 에이타로(日夏英太郎), 인도네시아 이름은 후융(Huyung)이다. 1948년 그는 네덜란드에 맞선 인도네시아의 독립투쟁을 그린 영화 '프리에다(Frieda)'를 제작해 국민 감독의 반열에 올랐고, 영화 불모지나 다름없던 인도네시아 영화산업의 선구자가 되었다.

일제 패망 이후 대부분의 한인들이 귀국하였지만, 허영은 조국으로 돌아가는 것을 단념하고 인도네시아 독립투쟁에 참여했다. 네덜란드가 영유권을 주장하며 인도네시아를 다시 침략하자, 허영은 인도네시아 영화공사(BFI) 관계자들과 함께 족자카르타로 가서 수카르노 망명정부에 합류했다. 그는 '총 대신 카메라'를 들고 전선을 누비며 항쟁의 역사를 뉴스와 기록영상으로 담아냈고, 후진을 양성하기 시작했다. 당시 일본 군정간부 선전부 소속 인도네시아인 직원이었던 우스마르 이스마일(Usmar Ismail), 자야꾸스마(Djajakusma), 수르요수만또(Surjosumanto) 등에게 영화와 연극을 가르쳤다. 1947년 12월 2일 딴중쁘리옥 항구에서 열린 인도네시아와 네덜란드 휴전 협정 조인식의 기록사진을 찍은 사람도 허영이었다.

1949년 독립전쟁이 종식된 후, 허영은 자카르타로 돌아와 영화제작사 '키노 드라마 아틀리에'를 설립했고, 〈하늘과 땅 사이에〉, 〈레스토랑의 꽃〉, 〈스포츠 하는 여자〉 등 인도네시아 영화를 제작, 감독했다. 이 중 〈하늘과 땅 사이에〉는 인도네시아 영화 최초로 키스신을 선보여 사회 전반에 뜨거운 찬반

논쟁을 불러일으켰다.

허영은 일제 말기 한국에서 총독부의 국책 영화 〈너와 나〉(1941)를 찍으며 맹렬한 친일영화인으로 활동해 '친일인명사전'에 오른 인물이다. 인도네시아에서는 일본군 휘하의 포로수용소에서 호주군 포로들이 호화로운 하루를 보내는 깃처럼 보여주는 선전영화 〈콜링 오스트레일리아!〉를 제작했지만, 실제로 포로들은 비참한 삶을 살았고, 이 영화는 도쿄 전범재판에서 포로 학대를 입증하는 증거로 사용되었다.

한편, 우쓰미아이코는 그의 저서 『적도에 묻히다』에서 일본이 패전한 직후 허영이 일본군과 협상해, 일본군 감옥에 갇힌 한인 군속의 석방을 요구하고, 귀국할 때까지 머물 식량과 자금(군표)을 일본 측에 요구해 받아냈다고 기록했다.

허영은 인도네시아에서 마나도 출신 여성 안나 마리아(Anna Maria Karuntu)와 결혼해 딸을 두었고, 1952년 2월 9일 자카르타에서 사망해 뻐땀부란 공동묘지에 묻혔다.

김만수
네덜란드의 은인, 한인사회의 맏형

김만수는 서부자바주 반둥 근교 수까미스낀(Sukamiskin) 지역의 포로수용소에서 포로감시원으로 일했다. 그는 동료인 조남훈 등과 함께 네덜란드 포로들에게 지정된 음식 외에도 물품을 공급하고, 비밀리에 바깥 소식을 전했다. 이 행위가 발각되면 목숨을 잃을 위험이 있었기 때문에, 김만수는 항상 자결용 권총을 휴대했다. 네덜란드인들은 김만수와 그의 동료들의 인도주의적 배려 덕분에 생명을 구했고, 그들을 '네덜란드의 은인'이라 불렀다. 종전 후, 포로수용소에 수용됐던 네덜란드인 칸나백(Kannabeg) 백작은 김만수의 이러한 활동을 증언했고, 네덜란드 정부는 그에게 표창장을 수여했다.

김만수는 1947년 한국에 귀국했다가 다시 인도네시아로 돌아가 1955년 중국계 인도네시아인 여성과 재혼했다. 1973년 한국 기업 미원이 인도네시아에 진출하자, 그는 아내 명의를 사용해 현지 파트너로 활동했다.

1966년 12월 1일 주인도네시아 한국영사관이 개설될 때, 김만수는 교민 대표로 참석해 태극기를 게양했다. 그는 한인사회 형성기에 인도네시아를 드나드는 많은 한국 사업가들에게 편의를 제공하며 '한인사회의 맏형' 역할을 자처했다. 김만수는 1975년 자카르타에서 사망했다. 그의 아들 김명진은 미원인도네시아와 코데코 등의 도움으로 그의 유해를 화장한 후 고향 땅 군산에 뿌렸다.

유형배
인도네시아 최초의 메리야스 공장 설립

유형배는 김만수와 함께 반둥 지역 수까미스낀 수용소에서 포로감시원으로 일했다. 그는 동료 7명과 함께 서부자바 지역에서 독립전쟁에도 참여했다. 유형배는 1946년 4월경에 귀국선을 타기 위해 자카르타 딴중쁘리옥 항구에 갔다가 체포되어, 전범 조사를 받기 위해 임시수용소에 수감되고, 이후 글로독 형무소로 이감됐다. 1946년 4월 무렵, 적십자 봉사요원이었던 중국계 인도네시아인 여성 우이 마리아(Oey Maria)의 도움을 받아서 석방됐다. 후일 유형배는 우이의 딸인 스리 뿌르나마와띠(Sri Purnamawati)와 결혼해 5남 1녀를 두었다.

　1951년 유형배 부부는 자카르타 북부 안쫄 지역에 인도네시아 최초의 메리야스 공장인 글로리아사(PT. Gloria)를 설립했다. 당시 적십자 활동을 하며 대통령 영부인 파뜨마와띠를 비롯한 고위층 부인들과 교분을 가지고 있던 우이가 그의 사업을 지원했다. 1954년 유형배는 자카르타 뜨붓 지역에 두번째 사업체인 트리코트를 생산하는 회사 뻐르소조(PT. Persodjo)를 설립해 종업원 수 1,500명에 달하는 중견기업으로 키웠다.

　1961년 8월 9일 유형배는 자카르타 특별법원에서 정식으로 인도네시아 국적을 취득했다. 평안북도 선천 출신인 유형배는 수카르노 정권의 2인자였던 수반드리오 외무상의 평양 방문을 수행하기도 했다. 그는 대일 청구권 자금이 인도네시아에 들어오면서 일본과 경제교류가 활발해지자 일본을 자주 왕래하며 사업을 키웠다. 유형배는 1967년 이슬람 신자가 되고, 이후 이슬람학교 설립 자금을 후원하는 등 인도네시아 사회에 동화되기 위해 노력했다. 그는 1973년 9월 13일 54세의 나이로 숨을 거두고, 자카르타 시내 블록 베(Block B) 공동묘지에 묻혔다.

2장

인도네시아 한인 사회의 중심
: 재인도네시아한인회

　인도네시아 한인사회의 중심은 재인도네시아한인회이다. 인도네시아 진출 초기에 한인 기업인들이 모여서 한인 기업 활동과 한인 생활을 전반적으로 아우르는 모임으로 시작됐다. 한인회는 한국대사관과 협력해 한국 정부의 정책을 한인들에게 전달하고, 인도네시아 정부와 한국기업 간 소통의 역할도 했다. 자연재해나 소요사태에는 비상 대응과 구호활동을 주도하기도 했다. 시대 변화에 따라 재인도네시아 한인상공회의소(이하 코참), 민주평화통일자문회의(이하 평통), 재인도네시아 대한체육회(이하 체육회), 세계한인무역협회(이하 옥타), 재인도네시아 문화예술총연합회(이하 문예총), 지역한인회 등이 설립됨에 따라 역할이 분리되기도 했으나, 여전히 한인사회의 중심에서 이런 단체들과 활동을 조율하고 협력하는 역할을 한다.

◆ 인도네시아 한인공동체의 태동, 거류민회

　1972년 7월 대한민국거류민회가 만들어지면서 인도네시아 한인사회가 체계를 갖췄다. 한국 외교부 재외동포 현황에 따르면, 인도네시아 체류 한인 수는 1968년에 408명에서 1972년 약 700명, 그리고 1983년 초에 약 1,500명으로 증가했다.

당시 코데코의 최계월(1919~2015) 회장이 초대 회장으로 취임해 14년 간 한인회를 이끈다. 최계월 회장은 한인 교육 기관인 한국학교 설립과 코리아센터 건립을 추진해서 현재 한인사회와 한인회의 기초를 닦았다.

최계월 회장
제1대 거류민회장

이 시기에 한인회는 매년 야유회와 '한인 송년의 밤' 등 대사관 직원들과 한인들이 함께 모여서 유대감을 강화할 수 있는 행사를 개최했다. 또한 1975년부터 『거류민회 회보』를 발행해 거류민회 사업과 경과 보고, 현지 경제 관련 소식과 공관 소식, 지역사회에 대한 봉사 활동과 고국과의 교류 등을 알렸다. 거류민회 회보는 1985년 중반까지 매년 4회씩 발

재인도네시아 거류민회 창립 총회(1972.7.16)

행됐다.

한인들은 인도네시아와 한국이 어려운 일을 당하면 적극적으로 도왔다. 1975년 인도네시아 갈룽궁(Galunggung) 화산이 분화해 이재민이 발생하자, 한인들은 구호물품을 모아서 보냈다. 1975년 5월에 한인들이 방위성금으로 7,000달러를 모금해 한국 정부에 보냈다. 1981년 10월 수재의연금과 1986년 1월 평화의 댐 건설 성금을 모금해 한국에 보냈다. 어려운 동포 가족의 생활비를 지원하기도 했다.

◆ 한인공동체를 대표하는 공간, 코리아센터

자카르타에서 한인공동체를 대표하는 공간은 한인회가 입주해 있고 주인도네시아 한국대사관 영사동과 한국기업들이 입주해 있는 코리아센터이다. 코리아센터(한국회관)는 6층 건물인 본관과 한인회관으로 사용하는 2층짜리 부속건물 그리고 주차장으로 구성됐다. 코리아센터에는

자카르타 코리아센터

1990년대에 설립된 회사들이 아직 있고, 이들의 사무실에는 설립 당시의 모습이 아직도 남아있다.

코리아센터는 한국기업들이 공동 출자해 건설했다. 1974년에 한국외환은행(현 KEB하나은행), 한국무역진흥공사(Kotra), 현대건설, 대림산업, 국제실업, 삼환기업, 쌍용건설, 경남건설, 협화실업, 동명목재, 현일시멘트, 한국남방개발(Kodeco), 미원(현 대상그룹) 등 13개 기업이 한국회관재단을 설립하고, 자금조달과 부지 매입 등을 추진했다. 당시 염동희 외환은행 지점장이 재단이사장으로 선임됐다. 1978년에 한국회관이 완공됐고, 각 기업이 입주해 업무를 시작했다. 이후 재단에 참여했던 기업들은 규모에 맞춰 새로운 사무실로 이전했고, 지금은 푸트라한국, 하나관광, KEB하나은행 등 다른 한인기업들이 입주해 있다.

◆ 한인들의 목소리를 대변한 거류민회

2대 거류민회 회장은 신교환(1927~2006)으로 1986년 취임해 4년간 봉사했다. 신교환 회장은 코리아센터 건설 시기에는 자신의 집을 거류민회 사무실로 사용하게 했고, 인도네시아 측에 한인의 목소리를 전달하는 역할을 적극적으로 해서 '인도네시아 민간인 대사'라는 별칭을 얻기도 했다.

신교환
제2대 거류민회장

신교환 회장은 1944년 일제에 의해 농업전문가로 징집돼 인도네시아에 갔고, 종전 후 귀국했다가 1968년 신흥양행 초대 주재원으로 인도네시아에 다시 파견된 후 독립하여 정착했다.

◆ 한인회, 인도네시아를 넘어 세계로

제3대 한인회장 승은호

1994년 12월에 승은호(1942~) 한인회장은 한인공동체 이름을 〈대한민국거류민회〉에서 〈재인도네시아한인회〉로 변경했다. 인도네시아 거주 한인들이 스스로를 부르는 호칭을 거류민에서 한인으로 변경한 것. 거류민은 다른 나라 영토에 임시로 머물러 살고 있는 외국인이라는 의미인 반면 한인은 일반적으로 해외에 거주하는 한국인 또는 한국계 사람들을 지칭하며, 국적과 관계없이 한국적 정체성을 중요시한다.

승은호 코린도그룹 회장은 1990년에 3대 한인회장으로 취임해 23년간 한인회를 이끌며, 인도네시아에서 한인공동체가 자리잡는데 큰 역할을 했다는 평가를 받는다. 그는 인도네시아에 한인회를 재단법인으로 등록해 법적 활동 근거를 만들고, 한인회 조직을 체계적으로 정비했다. 그리고 한인학교를 이전·증축하고, 한인회보인 〈한인뉴스〉를 창간하는 등 현재까지 이어지는 한인사회의 틀을 마련했다. 2000년에 한인회는 한인 인명, 기업, 업소, 지방한인회, 생활정보 등을 망라한 〈인도네시아 한인록〉을 발간했다.

2012년까지 승은호 코린도 그룹 회장이 한인회를 이끈다. 한인사회가 성장하고 활발하게 움직이면서 한인회도 많은 행사를 치렀다. 또 한국을 중심으로 재외동포단체들이 만들어지자, 승은호 회장은 재외한인학교이사장협의회 초대 공동의장, 민주평통아세안지역 부의장, 세계한인회장대회 의장, 세계한상대회 대회장, 아시아한상총연합회 회장, 아시아한인총연합회 회장 등으로 활동하며, 인도네시아 한인의 위상을 높이는데 기여했다.

◆ 부자(父子) 한인회장

2013년 취임한 4대 한인회장인 신기엽 회장은 제2대 한인회장을 지낸 신교환 회장의 장남으로, '부자(父子) 한인회장'이라는 기록을 남겼다. 신기엽 회장이 이끄는 한인회는 2013년 '한국-인도네시아 수교 40주년' 축하행사, 2014년 '한국-인도네시아 우정의 페스티벌', 2015년 '한국-인도네시아 광복 70주년 기념 걷기 대회' 등 한인단체, 대사관,

제4대 한인회장 신기엽

한국기업, 한인과 인도네시아 정부와 인도네시아인들이 함께 참여해 교류하며 역사적 의미도 돌아볼 수 있는 다양한 행사들을 개최했다. 그리고 2013년 자카르타 대홍수 때는 수재의연금(14억 루피아)과 물품(1억7천만 루피아 상당) 15억7천만 루피아를 모아서 인도네시아적십자사에 전달했다.

신기엽 회장 재임기간에 한인회와 한인상공회의소가 분리되어, 각각 한인회는 사회봉사단체로 한인상공회의소는 기업권익을 대변하는 단체로 역할을 분담했다. 이에 한인회장이 겸직하던 한인상공회의소 회장에 송창근 회장이 2013년 취임했다.

◆ 위기와 영광의 순간 한인사회의 구심점 역할

2016년 취임한 5대 한인회장은 양영연 회장이다. 2015년 12월 당선된 그는 시대 변화에 맞춰 한인회 조직과 위상을 정비하고, 더 다양한 한인들이 한인회에 참여할 수 있게 했다. 이 시기 한인회는 한인 간 분쟁을 중재하고 어려움에 처한 한인을 구제하는 활동도 강화했다. 2018년 롬복과 술라웨시 빨루 지진 등 인도네시아에 재난이 발생할 때도 한인회는 적극적으로 앞장서서 구호 자금과 물품을 모아서 인도네시아 정부기

제5대 한인회장 양영연

관과 피해지역에 보냈다. 2018년 평창올림픽 때는 인도네시아에 평창올림픽을 홍보하고, 인도네시아 다문화가정 자녀들로 모국방문단을 꾸리고 경비를 후원해서 파견해 그들이 올림픽을 관람하고 한국을 관광할 수 있도록 했다. 또 2018년 자카르타-팔렘방 아시안게임에서는 남북한이 공동 입장을 하고 일부 종목에 단일팀이 출전하고 공동응원을 펼침에 따라 한인회가 대사관과 협력해서 현지에서 남북선수들을 지원하고 공동응원을 주관했다. 한인회의 활약은 남북한 동시 수교를 하고 있는 인도네시아여서 가능했던 활동이었다.

◆ 한인역사 바로 세우기

제6대 한인회장 박재한

2019년에 제6대 박재한 한인회장이 취임했다. 박 회장은 인도네시아 한인봉제협회 회장을 지냈고, 호텔업에서도 큰 성공을 거둔 한인사업가로, 2021년에 재선임되었다. 2019년에 한인회 주최로 열린 '3·1운동 100주년 평화 걷기 대회'와 '광복절 기념 5㎞ 마라톤'은 한국인과 인도네시아인이 함께 자카르타 중심가인 수디르만을 걷고 뛰며 양국의 독립의 의미를 되새기는 기회가 됐다. 한국의 광복절은 8월 15일이고, 인도네시아 독립기념일은 8월 17일이다.

박 회장 재임기의 가장 큰 사건은 코로나19 팬데믹이다. 인도네시아에서 크고 작은 재난과 재해를 겪었지만 코로나19 팬데믹은 한인에게도 인도네시아인에게도 경험해보지 못한 공포였다. 한인회는 2020년 2

월부터 마스크를 확보해 배포했고, 이어 진료 안내와 지원, 백신 접종 안내와 시행, 응급환자 귀국 지원 등 새로운 위기에 대응하는 역할을 했다.

박 회장 재임기의 중요한 활동은 '한인역사 바로 세우기' 사업으로 한인사 편찬과 차세대를 위한 한인 청소년 역사 탐방 프로그램이다. 코로나19 팬데믹이 한창임에도, 2020년에 한인이 인도네시아에 정착한 지 100년이 되는 해를 기념해 『인도네시아 한인100년사』(2020.12)를 출간했다. 이어 2023년 9월 21일에 한국-인도네시아 수교 50주년을 기념해, 인도네시아 속 한국인들의 이야기를 인도네시아어로 쓴 『Merajut Persahabatan dan Memupuk Kepercayaan(우정을 엮어 신뢰를 쌓은)』, 그리고 2024년 9월 20일 한인의 날을 기념해 재외동포로서 인도네시아에 살고 있는 한인을 소개하는 한국어 책 『인도네시아로 간 오랑꼬레아』를 출간했다.

한인 100년사 표지

한인50년사 인도네시아어판

2024년 8월 27~28일 자카르타 국제학교에 재학중인 한인 고등학생들과 한인회 관계자들이 일제시대 조선인의 활동 기록이 있는 중부자바 스마랑 지역에 있는 유적지를 탐방했다. 1942년 9월에 자바에 온 일본군 소속 한인 포로감시원 중 10여 명이 수모노워 지역에서 고려독립청년당을 결성하고, 암바라와에서 항일의거를 일으켰다. 암바라와성에는 한인 위안부가 있었던 일본군 위안소가 있었다.

암바라와 항일의거지 성요셉 성당(중부자바 스마랑)에서 '항일독립운동지 역사탐방' 참가자들

〈역대 한인회장〉

역대	이름	재임기간
제 1대	최계월	1972. 7. 16 ~ 1986. 10. 14
제 2대	신교환	1986. 10. 15 ~ 1990. 6. 19
제 3대	승은호	1990. 6. 20 ~ 2012. 12. 3
제 4대	신기엽	2013. 1. 1 ~ 2015. 12. 31
제 5대	양영연	2016. 1. 1 ~ 2019. 2. 28
제 6대	박재한	2019. 3. 1 ~ 2024. 12. 31

◆ **재인도네시아한인회총연합회와 지역한인회**

한인들은 인도네시아 전역에서 활발하게 활동하며 교류한다. 한인 중 대다수가 거주하는 자카르타에는 재인도네시아한인회가 있고, 수도권에는 땅그랑, 찌까랑, 보고르 등 지역에 한인회가 있다. 자바섬 반둥, 수까부미, 족자, 중부자바(스마랑), 즈빠라, 동부자바(수라바야) 등 도시에 있고, 발

한국-인도네시아 광복 70주년 기념 걷기 대회 2015. 8. 16

리, 롬복, 마까사르, 메단, 바땀, 칼리만탄 등지에도 한인회가 설립돼 활동한다. 한인회는 현지에 사는 한인들과 신년회와 송년회 등 정기적인 모임을 개최하고, 회보를 발간하고, 한글학교를 운영한다. 또한 한인들에게 대사관 공지사항을 전달하고, 재난이 발생하면 긴급대응과 구호 활동을 펼친다. 한국 관련 행사를 직접 개최하기도 하고, 현지인들이 하는 행사를 적극적으로 돕기도 한다.

2016년 양영연 한인회장의 주도로 지역 한인회 11개가 참여하는 '재인도네시아한인회총연합회'를 편성해 협력체계를 마련했다. 2024년 기준으로 총 14개의 지역 한인회가 활동하고 있다.

◆ **인도네시아 한인사회의 아카이브, 『한인뉴스』**

『한인뉴스』는 한인회가 발간하는 월간지로, 한인회와 한국대사관 그리고 한국과 인도네시아 한인사회의 소식을 전하고 기록하는 역할을 해왔다.

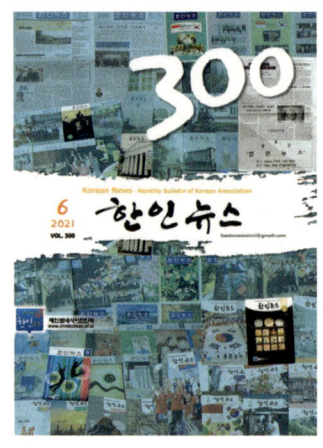
한인뉴스 300회 기념호 표지

『거류민 회보』를 포함하면, 인도네시아에서 가장 오래된 한인 매체는 『한인뉴스』이다. 『한인뉴스』는 1996년 7월 15일 타블로이드판으로 시작해 6개월 동안 발행하다가 책자 형태로 변경했고, 현재까지 한 회도 거르지 않고 매월 발행해왔다. 앞서 1975년부터 1980년대 중반까지 『거류민회 회보』가 발행됐고, 1994년 하반기에는 타블로이드판 형태의 『한인회보』가 발행됐다. 하지만 한인회보는 인도네시아 출판허가 문제로 중단됐다가 2년간의 준비를 거쳐 『한인뉴스』라는 이름으로 정식으로 창간한다.

『한인뉴스』는 광고비로 운영되며, 매달 3,500부씩 발간되며, 인도네시아 전역의 한식당과 한인마트 등을 통해 무료로 배포하고, 한인회 회원과 지방한인회, 10개국의 해외 한인회, 그리고 인도네시아에 한국어과가 있는 대학들, 한국의 주요 기관과 국회도서관 등에 우편으로 배포한다. 2006년 4월호부터는 재인도네시아한인회 웹사이트에 PDF 파일 형태로도 배포되고 있다.

3장

인도네시아 한인 공동체
: 한국학교와 한인단체들

◆ 자카르타한국국제학교

한인회와 더불어 한인사회의 중요한 구심점인 한국학교는 현지에서 자녀 교육 문제를 해결하기 위해 한인들 스스로 나서서 한국기업과 정부의 지원을 이끌어내어 설립했다.

자카르타한국학교(이하 한국학교)는 1976년 1월 5일 자카르타의 한 개인 주택(장혜선 씨 자댁)에서 학생 26명과 교사 4명으로 시작했다. 유치부와 초등학교 3학년까지 과정만 있었고, 당시 최계월 거류민회 회장이 명예교장을 맡았다. 이듬해인 1976년 한국 문교부(현 교육부)는 자카르타한국학교를 정식으로 승인하고 교사를 파견했다. 이에 따라 한국 교과과정에 따른 수업이 이루어지고, 학교 재정은 거류민회의 회비와 수업료로 충당했다.

1978년 1월에 한국대사관 옆에 학교건물을 신축해 이전하면서 본격적인 학교의 모습을 갖췄다. 1977년 박정희 대통령이 한국학교를 위해 미화 5만 달러를 기부했고, 여기에 한국 기업과 단체 그리고 개인의 후원을 추가해서 학교 부지를 매입하고 건물을 세웠다.

1995년 자카르타한국국제학교 제2교사 준공기념 학예회

1980년대 중반에 인도네시아로 진출하는 한국기업이 크게 늘면서 한국학교 학생 수가 1986년 9월에 140명에서 1992년 530명으로 급격하게 늘었다. 2001년에는 학생 수가 1,652명으로 늘면서, 전 세계에서 운영되는 재외한국학교 34개 중 가장 큰 규모가 됐다.

1990년 자카르타한국국제학교(JIKS) 재단을 설립하고 인도네시아 교육부로부터 국제학교 인가를 받는 등 법적 기반을 탄탄하게 하고, 1993년에 현재의 따만미니 인근에 학교 건물을 신축해 이전했다. 이전하면서 학교 이름도 자카르타한국국제학교로 확정했다. 1994년에는 대한민국 교육부로부터 중등과정 설립 인가를 받았고, 1997년 고교과정을 신설했다.

2024년 1월 기준 JIKS 졸업생은 초등학교 졸업 45회 총 2,901명, 중학교 졸업 28회 총 2,504명, 고등학교 졸업 25회 총 2,610명이다. 한국학교 졸업생들은 한국과 미국 등지에서 대학교를 졸업하고, 그곳에서 취업해 정착하기도 하고, 자카르타로 돌아와서 사업을 하거나 한국기업에 취업해서 다시 인도네시아 주재원으로 파견되는 등 한국과 인도네시아의 가교 역할을 담당하고 있다.

JIKS는 설립 이후 교육동과 운동장, 강당 등 하드웨어를 갖추는 시기를 거친 후 2000년대 중반부터 질적인 변화를 추구하며, 인도네시아에서 한국학교를 너머 국제학교로 도약했다.

대한민국 국민으로서 정체성과 더불어 인도네시아 전문가로서 기본 소양과 국제 감각을 갖춘 글로컬(Glocal) 인재 육성을 목표로, 2007년 교육과정을 개정해 외국어와 인도네시아 관련 교육을 강화하고 현지 학교 학생들과의 교류 프로그램을 늘렸다. 원어민 교사 채용, 2011년부터 한국 문화를 알리는 코리안데이 행사와 2016년부터 인도네시아 문화를 배우는 인도네시아 페스티벌 등 행사를 개최하고 있다. 또 장애인을 위한 특수학급도 운영한다.

JIKS는 교육기관을 넘어서 학부모 활동 등과 연결되어 교민사회의 구심점 역할을 해왔다. 자카르타에 사람들이 모일 수 있는 기반시설이 부족하던 시절에는 대부분의 행사를 학교에서 진행했다. 예를 들면, 2002년 한일월드컵 때는 학교 강당에서 한인회와 대사관 그리고 학교가 공동으로 단체 응원전을 펼쳤다.

JIKS는 2020년 초 코로나19 팬데믹 기간에 다시 한번 도약한다. 자카르타에 있는 학교들이 코로나19로 문을 닫고 형식적인 비대면 수업으로 주춤

자카르타 한국학교 설립 초기 개인 임차 주택에서 수업하는 모습

했던 시기에, JIKS는 실시간 쌍방향 원격수업을 진행하며 정규 교육과정을 완성도 높게 구현했다. 각종 학사 일정과 대입 설명회 등은 드라이브 스루 방식으로 진행했다. 이에 팬데믹 기간에 외국계 국제학교로 갔던 학생들이 JIKS로 다시 전학오는 사례도 늘어났다.

◆ 한국인의 삶을 풍성하게 만든 한인여성들

인도네시아에서 한인여성은 한국인이라는 정체성을 만들고 지킨 주역이다. 인도네시아 거주 한인여성은 2000년대 이전까지는 주로 동반가족으로 인도네시아에 와서 가사와 육아를 담당하고 사회단체와 종교단체 운영에 적극 참여하면서 가족과 사회 공동체를 유지하고 가장이 성공적인 경제활동을 할 수 있도록 안정적인 생활기반을 다졌다. 다도, 한국무용, 그림, 서예 등 예술활동은 한국인의 정체성을 만들고 한인자녀들에게 전통문화를 계승하고 인도네시아인들에게 한국문화를 소개하는 역할을 했다.

1970년대부터 소수의 한인 가족들이 이주하기 시작했다. 한국학교와 한국식품점 같은 기초 생활 인프라조차 없는 상황에서 현지 시장에서 장을 봐서 한국식으로 다듬어 한국음식을 만드는 일은 한인여성의 몫이었다. 또 자녀에게 직접 우리말을 가르치고, 후일 자카르타에 한국학교를 세우고 교사로 학부모 운영위원으로 참여해 학교 운영의 한 축을 담당했다. 종교단체에 신자로, 문화단체에 회원으로 참여해 열심히 봉사해서 종교단체와 문화단체의 토대를 닦았다.

2000년대에는 유학생이나 직장인 또는 개인사업자로 스스로 주체가 되어 진출하는 여성이 늘었다. 한인여성은 제조업체의 관리자나 전문기술자로 인도네시아에 와서 착실하게 성장해 사업가가 되거나, 동반가족으로 나왔다가 현지에서 기회를 모색해 취업하거나 창업하기도 했다. 2010년 전후로 정보통신기술(ICT)과 K뷰티 등 신산업 분야가 진출하면서 여성의 경제 활동 참여가 늘었다. 또 한국의 정부기관들과 산하 단체들이 속속 진출함에 따라 인도네시아어와 영어를 유창하게 구사하고, 업무 능력이 뛰어나지만 상대적으로 임금이 낮은 한인 여성들에게 취업의 기회가 늘었다.

◆ 공공외교의 첨병, 재인도네시아한국부인회

재인도네시아한국부인회(이하 부인회)는 인도네시아에 거주하는 한국여성들로 구성된 단체로, 한인사회 내의 다양한 봉사 활동을 통해 서로 돕고 지원하는 역할을 했다. 1973년부터 2015년까지 42년 동안 독립적인 단체로 활동했고, 이후 한인회 여성분과로 편입된다. 부인회는 한인공동체와 시대의 요구에 따라 봉사와 문화 활동을 주도하고, 인도네시아 지역 사회에 기여하면서 한국 여성의 위상을 높였다. 무엇보다 한국음식, 전통예술, 문화행사 등을 통해 한국문화를 인도네시아에 알리고, 현지 문화를 한인사회에 소개하는 활동을 활발하게 펼쳤다. 2010년대를 전후로 한인 문화예술단체와 산업단체 그리고 각종 한국 기관들이 생기면서 부인회 역할이 점차 줄어들게 됐다.

1973년 설립된 부인회는 대사 부인과 대사관 직원 부인들이 모임을 주도했고 기업에서 파견된 주재원의 부인이 부회장과 총무를 맡아 운영되다가, 1981년부터 민간에 이전되어 기업가의 부인들이 회장을 맡아 이끌었다. 부인회는 1981년 4월에 처음으로 인도네시아에 열린 한국 여류 화가 2인전인 홍미숙과 김공자 회화전 〈Printing〉을 후원했다. 부인회가 민간에 이양된 후 2대 송복순 회장과 3대 강정자 회장은 1984년에 한인회

한국부인회 회원들(회장: 정은경, 부회장: 박성화) 1990년대

관 건립비 500만 루피아를 기증하고, 고국에 실명 환자 개안 수술비 600달러를 보냈다. 또한 부인회 창립 10주년 기념 전시회와 바자회를 개최했다.

4대 백방자 회장은 1987년 인도네시아 나쇼날대학교(Universitas Nasional, Unas) 한국학센터 설립 당시 발전기금 1만 달러를 조성해 후원함으로써 후일 한국어과 설립에 도움을 주었고, 고국에 심장병 어린이 치료비와 수재의연금을 보내고 방글라데시에도 수재의연금을 보냈다. UNAS는 1994년에 인도네시아에서 처음으로 한국어과를 설립했다.

5대 박은주 회장은 '이리자 고전 한복 의상쇼'를 개최해 수익금 2000만 루피아 전액을 반둥 화산 피해 지역에 기부했다. 6~8대를 역임한 한정자 회장은 부인회를 6년 간 이끌며 부인회 사무실을 마련하고, 한국인과 한국기업의 전화번호가 담긴 '전화번호부'를 2년마다 발간했다. 또한 한인 자녀 교육을 위해 JIKS 설립 기금을 후원하고, 한인 여성들을 위한 문화 프로그램으로 유화, 묵화, 골프반을 운영했고, 1994년에는 유화반 전시회도 열었다.

1997년 한국이 외환위기를 겪을 때, 김영자 회장이 이끈 부인회는 적극적으로 '고국에 달러 보내기 운동'을 펼쳤다. 1997년에는 한국학교 증축기금 7,300달러를 후원하고, 학생들에게 학비 보조금(장학금)을 지급했다. 어려움을 겪은 인도네시아인을 위해 인도네시아 사회복지부에 구호미 2만kg을 기부했다. 한인여성을 대상으로 취미활동반을 운영하기도 했다. 박은경 회장은 취미반 발표회와 청소년 음악회를 지원하는 등 한인들의 문화예술 활동을 장려했다. 또한 서띠모르 난민 돕기와 보육원과 양로원을 방문해 후원하고 격려하는 등 인도네시아인들의 어려움을 살폈다.

정은경 회장은 국제결혼 가정의 어린이와 JIKS에 다니지 않는 어린이에게 한국어를 가르치기 위해 2001년 '밀알학교'를 열었다. 이후 밀알학교는 운영기관이 코윈으로 바뀌면서 이름도 코윈재인도네시아한글학교로 변경했다.

2000년대 중반은 한인공동체가 인도네시아에서 '외국인 최대 커뮤니티'였던 시기로, 한인 수도 많았고 한인단체들의 활동도 활발했다. 채영애 회장은 2007년에는 인도네시아 수재민을 위해 '사랑의 모포 모으기 운동'을 펼쳤고, 2년마다 발간해온 전화번호부의 영문판인 『It's Korea-1』을 발행했다. 홍미숙 회장은 2009년 『It's Korea-2』를 발간하고, 고령자를 위한 어버이날 효도잔치를 겸한 노래한마당대회를 개최했다. 부인회의 마지막 회장인 박미례 회장은 2011년에 다문화 결손가정 돕기 자선 콘서트 '우리가 하나되면'을 개최했고, 찌뜨라 바루 재단(Yayasan Citra baru)를 통해 구순구개열 아동 10명 이상에게 복원 수술을 시켜주었다.

◆ **한류의 마중물, 한인문화예술 단체들**

1990년대에 한국에서 미술, 음악, 문학, 다도, 한국무용 등을 공부한 전문가들이 인도네시아로 이주하면서 관련 단체들이 설립되기 시작했고, 자체적인 공연과 전시회 등을 개최했다. 또 이들은 한인사회뿐만 아니라 인도네시아 측이 주최하는 행사에 초대되어 공연하기도 했고, 인도네시아인 화가들과 그룹전을 열기도 했다. 이러한 활동은 인도네시아인들에게는 한국 문화를 소개했고, 한인 자녀들에게는 정체성을 함양하는 역할을 했고, 무엇보다 한인 자신의 삶을 정서·문화적으로 풍요롭게 만들어 주었다.

월화차회(1993년), 한국문인협회(문협, 2001년), 한인미술협회(2000년), 자카르타한인음악협회(2001년) 등이 이 시기에 활동을 시작했다. 다도 사범 김명지가 이끌었던 월화차회는 다례 시범과 한국무용을 함께 공연했고, 한인미술협회 회원들은 한인 작가 개인전과 동인전 그리고 현지 작가들과 교류전을 개최했다. 음악인들은 주로 교회와 학교를 중심으로 활동하면서, 합창단과 오케스트라를 구성해 활동하고 음악학교를 세웠다. 인도네시아 한인들은 문학과 저술 부문에서도 활발하게 활동했다. 최준 시인이

2014년 한-인도네시아 우정의 페스티벌

자카르타한인오케스트라

1995년 중앙일보 신춘문예에 당선된 것을 시작으로, 각종 문예공모전과 재외동포문학상에 꾸준히 수상자가 나왔고, 한인들이 쓴 인도네시아어와 영어 교재, 인도네시아 관련 정보를 엮은 책, 시와 수필과 소설 등 문학서적 등도 수십여 권이 출판됐다.

한국 봉제업체들이 진출하던 시기인 1999년 3월에는 '앙드레 김 자선 패션쇼'가 인도네시아 방송국 RCTI 초청으로 물리아 스나얀 자카르타 호텔에서 열렸다. 앙드레김은 이슬람 사원, 가루다 문장, 힌두 조각상, 힌두 사원 등을 의상의 모티브로 활용했다. 당시 한국 톱 탤런트였던 김희선과 김석훈 등 한국 모델과 현지 모델들이 함께 무대에 올랐다.

인도네시아 문화를 배우고 싶어 하는 사람들이 참여하는 프로그램은 '문화탐방'과 '박물관 투어'이다. 〈한인니문화연구원〉의 사공경 원장은 1999년부터 현지 박물관과 갤러리를 중심으로 다양한 장소를 방문하며 인도네시아와 인도네시아 문화를 소개하는 활동을 시작했다. 인도네시아에 거주하는 외국인들의 모임인 헤리티지 소사이어티 내 코리아 섹

션(2004년)은 인도네시아 국립박물관 한국어 해설사를 양성해, 한국어 정기투어와 스페셜 투어를 운영해왔다. 또 국립박물관 안내서를 한국어로 2007년에 출간했다.

2000년대 중반부터 2010년대 중반까지 기간에 자카르타 색소폰동호회(2003년), 루시플라워(현 한인꽃꽂이회, 2004년), 서예협회 자필묵연(2005년), 자카르타한인어린이합창단(2005년), 한바패(2008년), 한국국악사랑(2012년), 자카르타아버지앙상블(2011년), 아르떼여성합창단(2015년), 자카르타극동방송합창단(2008년), 재인니자카르타한인오케스트라(2014년), 자카르타한인무용단(2017년), 한지공예(2016년), 자카르타사진동호회 (2008년) 등이 설립됐다. 그리고 이들 단체가 연합한 재인도네시아 문화예술총연합회(문예총, 2008년)는 한인 문예총 종합예술제를 2011년부터 2019년까지 매해 개최했다.

2000년대 중반에 한국 문화를 소개하는 행사가 증가하면서 한인들도 연주회와 무용 공연 그리고 전시회 등에 활발하게 참여했다. 하지만 2010년대 중반 이후 한인이 종사하는 산업의 변화와 초기 이주자들의 은퇴 등으로 한인공동체만이 아니라 한인 문화예술 단체들도 세대교체가 진행 중이다. 또 2020년부터 2022년까지 전 세계를 강타한 코로나19 팬데믹으로 거의 모든 단체가 활동이 멈추었다가 다시 회복하는 추세이다.

◆ 한인공동체의 지형을 바꾼 한국 기반 단체들

한국과 인도네시아 간 교류와 협력이 증가하면서 한국 정부기관과 지방자치단체들이 인도네시아에 진출해서 한인공동체의 지형을 바꾸었다. 인도네시아에 지부가 있는 한국 정부 산하 재외동포단체로는 민주평화통일자문회의, 세계한민족여성네트워크 코윈(KOWIN), 세계한상대회(현

세계한인비즈니스대회), OKTA세계한인무역협회, 세계한인회총연합회 등이 있다.

스포츠를 좋아하는 사람들의 모임인 대한체육회(2010년)는 대한골프협회, 대한볼링협회, 대한스쿼시협회, 국제용무도협회, 대한축구협회, 대한탁구협회, 대한태권도협회, 지역별 테니스클럽, 대한야구협회, 대한배드민턴협회 등 종목별 지부를 두고 활동하며, 매년 한국에서 열리는 전국체전에 선수단을 파견한다.

한국 정부 기관, 공기업, 지방자치단체로는 대한무역투자진흥공사(KOTRA), 한국국제협력단 KOICA(1992), 주인도네시아한국문화원(2011년), 한국관광공사 자카르타 지사(2011), 한국농수산식품유통공사 자카르타 지사(2013), 한국콘텐츠진흥원(KOCCA) 인도네시아 비즈니스센터(2016), 한국무역협회 자카르타지부(2015), 한-인도네시아 산업기술협력사무소(2006), 중소벤처기업진흥공단 코리아데스크(2007), 그린비즈니스센터(2011), 경남 자카르타 사무소(2012), 대구-경북 자카르타 사무소(2015), 충청남도 인도네시아 자카르타 사무소(2021)등이 있다.

이들 단체는 한국문화 소개와 한국어강좌 운영; 한국 콘텐츠 소개와 마케팅; 인도네시아인과 한국인 기술 인력 교육과 한국 연수; 중소기업 지원 활동; 센툴생태관광모델숲 조성(2013), 롬복 뚜낙 산림휴양생태관광센터 조성(2018), 잠비주 이탄지 복원과 보전사업 등 다양한 사업을 펼치고 있다.

◈ 동문회와 향우회 그리고 자선단체들

앞에서 언급한 단체들 외에도 학교, 출신 지역, 직장, 산업 등에 기반한 동문회, 향우회, 골프모임 등 다양한 모임들이 있다. 한인 광고지에

연락처를 공개한 고교와 대학 동문회가 100개를 넘고, 해병대전우회와 ROTC 모임 등도 활발하게 움직이며, 각 단체의 구성원과 규모는 현지에 진출한 한인기업의 특성이 반영되어 있다. 예를 들면, 초기 목재기업 진출 시기에는 부산과 인천, 농대와 마인어과 출신들이 동문회와 향우회의 주요 회원이었다.

한국인들이 운영하는 자선단체 중 자카르타 밥퍼해피센터는 자카르타 빈민촌에서, 프란치스꼬 전교 수녀원은 메단 빈민촌, 헤븐스는 땅그랑 나환자촌을 지원한다. 무지개공부방은 땅그랑 지역 다문화가정 자녀를 지원하고, 루마인다유치원은 자카르타 빈곤층 자녀들을 위한 무료 교육기관이다. '파이디온 달란트 기술학교'는 불우청소년과 농아장애인 자립을 위한 기술교육 기관이고, 사랑의전화는 어려운 한인 가정을 지원한다. 이외에도 한국인들이 공식·비공식적으로 만든 자선단체들이 인도네시아 전역에서 활동하고 있다.

4장

인도네시아 한인 생활
: 한인미디어와 편의시설

◈ 한인들의 소통 중심, 한인미디어

인도네시아에서 발행되는 한인 미디어는 한인사회에서 일어나는 크고 작은 사건, 한인회와 대사관의 활동, 인도네시아 시사 뉴스, 인도네시아 생활 정보, 한국과 인도네시아 문화 소개, 한인들의 문학작품 등 다양한 뉴스를 보도한다. 한인들과 관련된 한국대사관과 인도네시아 정부의 정책을 알리고, 한인의 결속을 강화하며, 자연재해, 정치·사회적 소요사태 등 안전을 위협하는 위기 상황에 대응하기 위한 수단이 된다. 한인 광고지는 한국 식당과 한국 마트 등 한국인을 대상으로 하는 업소를 광고하는 매체지만, 광고를 통해 한인사회의 모습을 유추해 볼 수 있다.

인도네시아에서 한국어로 발행되는 신문과 광고지, 유선방송, 인터넷 카페와 웹사이트 등은 1990년대 후반에 시작되어 2000년대에 활발하게 활동하다 2010년대 중반 스마트폰과 디지털 미디어가 보급되면서 점차 쇠퇴해 일부는 폐업했다. 한편으로 온라인과 소셜미디어, 유튜브를 이용한 새로운 미디어들이 계속 나오고 있다. 한국에서 발행되는 주요 신문은 2000년대까지 수입대행사 빈땅자야가 수입해 배포했고, 운반과정으로 인해 자카르타는 한국보다 1~2일 늦게 도착했고, 지방은 거리에 따라 보름 정도 늦게 배포되기도 했다. 인도네시아에서 종이 형태로 발행하는 미디어는 처음에는 한식당과 한인마트 등 한인업소에서 무료로 배포하거나 우편으로 발송했고, 뉴스레터 형태의 미디어는 처음에는 팩시밀리를 통해 전달하다가, 인터넷이 발달하면서 이메일로 발송했다. 이후 많은 미디어들이 자체 웹사이트와 소셜미디어 계정을 만들어 뉴스를 배포하고 있다.

   1945년에 포로감시원으로 왔던 조선인들은 소통과 교육의 수단으로 『조선인민보』를 발행했다. 1972년 거류민회를 설립하고 1975년부터 1980년대 중반까지 『거류민회보』를 발간했다. 인도네시아에 한국기업과 한국인이 급증하면서 1995년 『교민세계』와 『소망』(이후 여명으로 변경), 1996년 『한인뉴스』가 창간했다. 이어 1997년 K-TV, 1998년 벼룩시장과 한울, 1999년 『데일리인도네시아』, 2002년 『일요신문』, 2003년 『한타임즈』, 2005년 『한나프레스』(이후 한인포스트로 변경), 2006년 『인도웹』, 2007년 『OKTN』, 2012년 『자카르타경제신문, 2021년에 『인니투데이』가 설립됐다. 경제인단체에서 발행하는 협회지도 있다. 재인도네시아한국신발협의회는 『코파의 힘』, 재인도네시아한국봉제협의회는 『코가』, 재인도네시아한국건설협의회는 『창조』를 각각 타블로이드판 월간지로 발행한다. 한인상공회의소, 한국학교, 지방한인회 등도 각각 회보나 신문을 만든다.

   2000년대에는 유선방송으로 K-TV와 OKTN(KBS world) 등이 있었다. 온라인에서는 웹사이트 〈인도웹〉과 인터넷 카페 〈뇨냐 꼬레아〉가 활성화됐다. 2010년대 초반부터 본격화한 인터넷과 스마트폰의 보급은 미디어와 웹사이트, 뉴스 생산자와 공급자의 경계를 허물었다. 한인포스트 밴드와 인도웹 게시판 및 카카오톡 단체카톡에서는 개인과 단체가 직접 소식을 전달하면서 쌍방향 소통을 한다. 2013년부터는 한인 유튜버들이 등장했고, 개인유튜브 채널을 운영하는 유튜버 장한솔, 하리지션, 한유라, 이정훈, 황우중 등은 인도네시아인을 주시청자로 방송한다.

◆ 한인들의 라이프 스타일

1970년대에 자카르타에 거주하는 한인들은 주로 대사관과 코트라 직원 등 관공서 직원과 한국 기업에서 파견된 주재원들이었다. 이 시기에 한인들은 동질적이고 친밀했고, 한국을 대표한다는 생각으로 인도네시아인을 대할 때 말과 행동을 조심했다. 1980년대 중반부터 노동집약산업이 진출하면서 자카르타를 중심으로 한인 수가 급증했고 직장이나 골프장 같은 곳에서 한인들 간 또는 한인과 인도네시아인 간 갈등이 생겨나기 시작했다. 하지만 1998년 5월사태와 자카르타 테러 등 큰 사건들을 겪고 한국과 인도네시아에 대한 지식과 정보가 늘면서 이제는 서로 이해하고 존중하며 생활하고 있다.

인도네시아 진출 초기부터 일부는 가족을 동반했으므로, 자카르타에는 일찍부터 한국학교, 한식당, 한인종교단체 등 편의시설들이 들어섰다. 당시 한국기업은 대부분이 원목개발회사들이어서 다수의 직원들이 단신으로 부임해 깔리만딴 오지 산속에 마련된 숙소에서 단체생활을 했다.

한인 남성들은 주로 공식적인 자리에서 양복과 넥타이, 사무실에서는 흰색 드레스셔츠에 넥타이 차림을 했다. 한인여성은 공식행사에서는 한복을 입었고, 집에서는 인도네시아인들처럼 바틱 원피스나 반바지를 입었다.

가족을 동반한 경우에는 집에서 한식을 만들어 먹었고, 회사에서는 한국에서 조리사를 데려와서 직원들에게 한식을 만들어 제공했다. 한인 행

코린도 아시끼 합판사업부 직원들 1997.12

사나 한국 명절에는 떡과 잡채 등 잔치음식을 직접 만들어 먹었다. 한인들은 직장이나 한국학교 근처에 단독주택을 임대해서 거주했다.

당시 항공요금도 비싸고 한국과 인도네시아를 오가는 게 쉽지 않은 상황이어서 일단 인도네시아에 오면 2~3년은 귀국하지 못했다. 고추장, 된장, 고춧가루, 멸치 등을 싸오다가 세관에 걸리기 일쑤였다.

◆ 한식당

한식당은 1971년 코리아하우스를 시작으로 서울하우스, 신라, 코리아가든, 코리아타워, 한양가든, 이스타나코리아, 한국관 등 당시 자카르타 환경에서는 제법 큰 규모로 생겼다. 초기 한식당은 갈비구이와 회, 돈까스와 자장면 등 다양한 메뉴를 제공했다. 인도네시아는 무슬림이 많아서 돼지고기와 술을 판매하기 어려웠는데, 한식당에서는 삼겹살 구이와 소주를 먹을 수 있었다.

한류가 확산하고 한식을 먹는 인도네시아인이 늘면서 한식당도 늘고 다양해졌다. 한식당의 변화는 이름의 변화를 통해서도 볼 수 있다. 한식당이 자카르타에 생길 무렵에는 서울의 집, 신라, 코리아가든, 코리아타워, 한국관, 한양가든, 이스타나 코리아 등 주로 한국의 지명을 차용해 한국음식이라는 점을 강조했다. 한류 콘텐츠와 한국 여행 등으로 한국에 대한 정보가 늘면서, 고주몽, 청해수산, 가효, 본가, 수라청, 압구정, 청담처럼 한국의 유명 음식점이나 드라마 제목 등을 차용해 한식당 이름을 만들었다.

◈ 한인전용 게스트하우스

1960~70년대에 자카르타에는 외국인이 묵을 수 있는 호텔이 제한적이었고, 상대적으로 비용이 높았다. 이에 공관원, 장단기출장자, 지방에서 출장온 진출기업 산림개발 현장 직원 등을 대상으로, 김동효가 1968년 11월 멘뗑 지역에 대한민국총영사관과 5분 거리에 있는 저택을 임차해 '게스트하우스'를 운영했다. 한국음식을 맛볼 수 있고 숙박비용을 절약할 수 있으며, 도난 등에 대한 우려도 덜 수 있었다. 입주한 거리 이름을 따서 '망운사꼬로의 집 또는 홀아비센터로 부르기도 했다.

한국인이 급증하는 시기에는 자카르타 시내, 끌라빠가딩과 찌까랑, 땅그랑 등 한인 기업이 많은 지역에 게스트하우스가 여럿 생겼다. 한국음식과 빨래를 해주고, 호텔보다 저렴한 가격이 장점이었다. 하지만 자카르타에 호텔과 에어비앤비 등 외국인들이 머물 수 있는 숙소가 증가하고 외식산업도 발전하면서, 게스트하우스는 점차 줄었다.

2013년에는 찌까랑 지역에 한국인 자본으로 4성급 호텔 자바팰리스 호텔(Java Palace Hotel)이 영업을 시작했다. 찌까랑은 LG전자와 현대자동차 등 한국기업이 밀집한 지역으로, 2023년 현재 한인 거주자가 3천명에 달한다. 자바팰리스호텔은 인도네시아 최초로 한인이 건설해 설립한 스타급 호텔로, 한인 관련 전시회와 행사들이 수시로 열린다.

◆ 한인마트

인도네시아 최초의 한인마트는 1981년 설립된 무궁화유통(무궁화슈퍼)이고, 이후 도라지슈퍼, 한일마트, 뉴서울슈퍼, K마트 등이 순차적으로 개업했다. 2000년대부터 한류가 확산되면서 한인마트를 이용하는 현지인 소비자가 증가하는 추세이다. 한인마트가 지금처럼 많지 않고 인도네시아에도 유통이 발달하지 않아서 물품 공급이 원활하지 않던 시절에는 교회와 성당에서 개최하는 바자회가 한국 물건을 구입할 수 있는 장터 같은 역할을 했다. 대표적인 바자회는 연합교회와 한인성당 바자회였다.

자카르타에 위치한 무궁화유통 본사 전경

1990년대 말에 한인 수가 늘면서 한인이 운영하고 한인을 대상으로 하는 미용실, 여행사, 비자대행사 등 서비업소들이 생겨났다. 인도네시아 거주 한인들은 직접 만든 식품을 네이버 밴드와 와츠앱 등 소셜미디어를 통해 판매한다. 인도네시아에 한류가 확산함에 따라 주요 쇼핑몰과 슈퍼마켓에서 한국제품을 구입할 수 있게 됐고, 일부 한인마트와 한식당은 식품수입유통업체로 성장했다.

◆ 한국 콘텐츠

한국 드라마와 뉴스 등 한국 콘텐츠를 보는 수단이 1990년대 후반부터 2000년대까지 한인마트에서 대여해주는 비디오테이프(VHS)였다가, 2010년에는 케이블TV방송국 K-TV와 OKTN으로 바뀌고, 2015년 무렵 스마트폰이 보급되고 인터넷 기술이 발달하면서 유튜브와 OTT(Over The Top) 등으로 옮겨갔다.

◆ 한인타운

한인들은 산업단지 주변 꼼쁠렉(주택단지)에 집중적으로 거주하게 되면서, 땅그랑, 찌까랑, 버까시, 끌라빠가딩, 짝꿍, 찌부부르 등 수도권 지역에 한인 거주지역이 형성됐다. 대표적인 한인타운은 자카르타 남부의 잘란 스나얀 지구와 위자야그랜드센터 주변 그리고 자카르타 서부 위성도시 땅그랑의 루꼬삐낭시아 등을 꼽을 수 있고, 자카르타 동부 끌라빠가딩 지구와 서부자바주 찌까랑 루꼬유니온에도 한인타운이 형성돼 있다. 일반적으로 한인타운은 한인들이 많이 사는 주거지나 한인사무실이 몰려 있는 지역에 한식당과 한인마트가 생기고 그 옆에 학원이나 유치원이 들어선다. 이어 여러 상점이 들어서는 과정을 거쳐 형성된다.

◆ 김치와 한국음식

한국인이 인도네시아에 진출한 것은 1960년대 말이다. 한국인 직원이 많은 회사에서는 한국에서 한식 조리사를 데려왔고 된장, 고추장, 고추가루 등 식재료를 한국에서 가져가서 한식을 제공했다. 이런 규모가 안 되는 경우는 가정에서 김치를 담아서 먹었다. 김치를 만들 배추와 무, 고추가루를 구하기 어렵다보니, 현지에서 새우와 오징어를 사서 젓갈을 직접 만들기도 했다. 1990년대 후반 자카르타 중심가에 위치한 특급 호텔 뷔페 식당들은 김치를 제공했다. 당시 LG와 삼성 같은 대기업을 필두로 한국 기업들이 진출하면서 한국인 출장자가 큰 고객이 됐고, 그들을 위해 하얏트, 샹그릴라, 쉐라톤 등 주요 호텔에서 김치를 제공했다.

2000년대 초반에는 김치를 포함해 각종 한국 음식을 한국에서 가져가는 사람이 늘었다. 항공물류가 발달하면서 물건을 가져가는 것이 쉬워졌기 때문이다. 2010년대에는 한국산 배추와 무 이어서 절임배추, 한국산 김치, 김치냉장고까지 수입됐다. 그리고 인도네시아에서 김치를 포함한 한국음식을 만들어서 파는 사람도 생겼다. 현지에서 농사를 짓는 사람들이 늘면서 배추와 무, 고추가루 등을 현지에서 직접 구입할 수 있게 됐다. 차츰 한국계 슈퍼마켓만이 아니라 일본계 슈퍼마켓과 인도네시아 슈퍼마켓에서도 현지에서 생산한 김치와 한국에서 수입한 김치를 모두 구입할 수 있게 됐다.

한국 기업과 한국인의 활동과 현지 한식당은 한식을 인도네시아인에게 소개하는 계기가 됐고, '대장금'을 비롯한 한국 드라마의 영향과 한국 정부의 한류 콘텐츠 홍보, 사스(SARS) 사태 당시 김치가 면역력을 높여준다는 보도 등으로 한식이 더욱 확산됐다. 인도네시아에서 김치는 비건(Vegan. 채식주의) 식품이자 할랄(무슬림에게 허용되는 음식) 식품으로 발전했다.

인도네시아 고급 슈퍼마켓 비건 또는 오가닉 식품 코너와 발리 비건식품점에 가면 예쁜 병에 든 김치를 볼 수 있다. 김치를 담그는 사람도 한국인에서 인도네시아인을 포함한 외국인으로 넓어졌다.

◆ 현지인 가사도우미와 기사

인도네시아에서는 현지인 가사도우미와 베이비시터, 운전기사를 고용하는 경우가 많다. 더운 날씨, 열악한 대중교통, 저렴한 인건비 등 복합적인 이유가 작용한 결과다. 현지인 고용인들은 한인들이 인도네시아에서 가장 가까이 접하면서 가장 많은 도움을 받는 이들이다. 하지만 한 집에서 또는 좁은 차 안에서 오랜 시간 함께 하므로 사소한 다툼이 수시로 일어난다. 2010년대 후반부터 인건비가 상승하고, 가전제품과 대중교통이 개선되면서 가사도우미와 기사를 고용하는 가정이 줄어들고 있다.

5장

인도네시아 한인 종교활동
: 교회와 성당, 절과 사원

무슬림이 다수를 차지하는 인도네시아에서 한인들의 종교생활은 매우 조심스러웠다. 한인 종교공동체는 종교활동을 넘어서 한인으로서의 정체성을 유지하게 한다. 또한 한인들이 교류하고 정착하는 것을 돕고, 선교, 자선, 교육, 의료봉사 등 다양한 활동으로 한인사회와 인도네시아 사회에 참여해왔다. 초기에는 소수의 한인들이 신자들의 집이나 현지 성당과 교회에서 현지인이 모이는 시간을 피해 한국어 예배와 미사를 드리고 모임을 했고, 이후 교회와 성당 건물을 짓고 독립했다. 한인 교회와 성당은 한인과 현지인 어린이를 위한 유치원과 한글학교를 운영한다. 교회와 성당 주변 지역 인도네시아인들을 위한 장학사업, 유치원, 구호사업, 직업교육 등을 펼치고, 인도네시아 각지에서 활동하는 선교사를 돕고 현지 수녀원을 지원하는 등 지역사회에 기여해왔다. 또 재난과 재해가 발생할 때는 한국이나 해외에서 지원되는 구호활동을 안내하고 구호물품 등을 배포하는 역할도 했다.

1970~1990년대 한인들에게 주일(일요일)은 한인들과 만나서 예배와 미사를 드리고 서로 그리움을 달래고 식사를 함께 하는 날이었다. 또 교회

와 성당은 자체적으로 공간을 마련할 때까지 어린이를 위한 주일학교를 대사관 옆 한국학교 강당에서 시간을 달리해 운영하기도 했다. 한인공동체에서 기독교, 가톨릭, 불교 등의 신자는 교민 수 변화에 따라 변동을 겪었지만, 신자 수가 늘고 한국에서 목사, 신부, 스님 등이 파견되고, 예배와 교육을 위한 건물을 건축하는 등 성장세를 지속했나.

◆ 개신교와 한인교회

인도네시아 한인사회 개신교회 역사는 공식적으로 1972년 서만수 목사가 자카르타 한인연합교회를 설립하면서 시작됐다. 한인이 세운 교회는 한인 수의 증가와 함께 수적으로 늘었을뿐만 아니라 선교, 의료봉사, 교육, 구호활동 등을 통해 동포사회와 현지인 사회에 깊숙이 자리잡았다. 자카르타, 땅그랑, 반둥 외에도 발리, 메단, 족자카르타, 스마랑 등 한인들이 있는 곳에는 한인교회가 있다. 또한 한인교회와 한국의 교회가

자카르타연합교회 예배 모습

파견한 선교사들이 인도네시아 도처에서 활동하고 있다. 한편 인도네시아에서 성직자 비자와 교회 건물과 활동에 대한 허가 등은 취득하기 쉽지 않아서 종종 문제가 됐다.

서만수 목사는 양국이 대사급 수교를 하기 전인 1971년 12월 31일 인도네시아에 와서 술라웨시 섬 토라자 지역에서 현지인 선교를 펼쳤다. 1972년 6월에 자카르타로 옮겨서 그해 7월 2일 인도네시아 첫 한인교회인 자카르타한인연합교회(이하 연합교회)를 세웠다.

참빛교회(구 예수구주교회)는 2014년부터 자카르타 끄망지역에 참빛문화원 (Yayasan Lintas Budaya Terang Sejati)을 열고, 한국과 인도네시아 간 문화학습과 교류를 위해 한국어, 인도네시아어, 음악, 미술 등 약 20개 무료강좌를 상시 개설해 운영하며 유치원 합동졸업식, 미술 전시회, 음악회 등 문화 및 교육 관련 지역행사에도 시설을 개방한다. 선교교회(현 열린교회)는 1988년 한인 2세 교육을 위해 하나유치원을 세웠고, 2006년에는 발달장애인을 위한 특수학교(와스쿨)을 시작했다.

한마음교회는 2002년부터 자카르타에서 유일하게 한인 노인대학을 운영했으나, 한인 노인 인구 감소로 2006년 이후 중단됐다. 늘푸른교회는 2005년부터 2010년대 중반까지 자선음악회를 개최해 모금한 돈으로 인도네시아 언청이 어린이 수술비를 지원했다. 인도네시아 한인대상 복음 방송인 자카르타 극동방송(대표: 신정일, 총괄: 박정열 선교사)은 2007년부터 현지 라디오 공중파를 임대해 매일 1시간 방송하다가 유튜브 방송으로 전환했고, 청소년오케스트라와 합창단 등을 운영하며 매년 수차례씩 음악회를 개최했다. 믿음교회는 1996년 자카르타에서 설립된 교회로 교민 영세기업 지원, 불법체류자 한국송환 지원, 무연고 교민사망자 장례식 주관 등 소외된 한인들을 돌보는 활동을 했다. 교민교회는 한국계 신발과 봉제 기업들이 몰려 있는 땅그랑에서 1998년 세워진 교회로, 부설기관으로 현지인들을 위한 정식인가 학교인 꿈나무학교를 운영한다.

고재천 선교사는 땅그랑 지역에서 다문화어린이 돌봄시설인 무지개공부방을 운영하고, 최원금 선교사는 해피센터를 세우고 빈민들에게 도시락을 제공하는 밥퍼사역을 한다. 한인 신교사들은 1970년대 초부터 인도네시아에 파견되기 시작해서 1980년대에 정착과정을 거치며 선교의 터를 다졌고 1990년대 양적 폭발을 거쳐 2000년대엔 선교지가 분화되며 현지인 지도자들을 양성하고 주도권을 이양하는 추세를 보였다.

◆ 가톨릭과 한인성당

인도네시아 한인 성당은 남부 자카르타에 위치한 「자카르타 성요셉 성당」이다. 1970년대 소수의 한인 신자 모임으로 출발해 1995년 '자카르타 성요셉' 본당이 설립되고, 한국에서 한인공동체를 담당할 사제를 파견했다. 현재 성당 단지는 2000년 6월에 자카르타 남부 빠사르밍구 지역 부지에 착공해 2001년 2월에 완공했고, 성전과 사제관, 유치원 건물로 구성됐다. 1995년 본당 설립 당시 신도가 140가구였으나, 2006년 454가구, 2013년 말 731가구, 2019년 533가구로, 한인 수 증감에 따라 변화를 겪는다.

자카르타성요셉성당 부활전야미사 2016.3.

이들은 인도네시아 1호 한인 장윤원의 장남 장남해와 3녀 장평화의 도움을 받아서 자카르타

교구에 신자 등록을 하고 현지 성당을 섭외해서 미사를 드렸다.

초기 한인들은 장윤원의 차남 장순일이 설립한 아트마자야가톨릭대학교의 외국인 미사(GREJA ST JONES), 성 마리아 성당(Gereja Santa Perawan Maria Ratu, Jl. Suryo No.62), 성 카니시우스 성당(Gereja Santo Petrus Kanisius, Jl. Menteng Raya No.64), 성 카를로스 성당(Gereja Santo Carolus, Jl. Salemba Raya No.3), 성 이냐시오(Saint Ignatius, Jl. Malang 22) 성당 등의 미사에 참여했다. 성 마리아 성당의 외국인 담당 네덜란드인 벤(VAN DE SHULLEN) 신부는 한국어로 미사를 집전해 주었다. 말랑거리(Jl. Malang)에 있어서 말랑성당이라고 불리기도 했던 성 이냐시오 성당은 한인 성당이 건립되기 전까지 한인 가톨릭 공동체의 신앙생활의 중심지였다.

1984년 12월에는 한국인 신부로는 처음으로 이경재 신부가 자카르타 카니시우스 성당에서 미사를 집전했다. 1990년 2월에는 부산 성 베네딕토 수도회 소속 수녀 2명이 파견됐다. 1987년부터 2000년까지는 성탄절 행사를 자카르타한국학교(JIKS) 또는 자카르타국제학교(JIS) 강당에서 개최했다. 첫 공동체 소식지 「야훼이레」를 1992년 3월부터 연4회 발행했다. 한인성당의 성모상은 유명한 조각가 최레지나 수녀 작품으로, 부산에서 화강암으로 제작해서 자카르타로 가져왔고, 2005년 3월 본당 설립 10주년 기념으로 세워졌다.

2000년대 초에는 신도 수가 늘어나면서 자카르타 주변 땅그랑, 찌까랑, 반둥 지역은 물론 수라바야에도 공소가 생겼고, 이에 자카르타 한인성당에 보좌신부가 파견되어서 두 명의 신부가 사목을 하는 규모로 커졌다. 2010년에 수라바야 공소가 수라바야 한인성당으로 분리되고, 발리 공소까지 관리한다.

2017년 9월20일에는 자카르타 끌라빠가딩 지역에 세워진 성 안드레아 김대건 (Santo Andreas Kim Tae Gon)성당 축성식이 염수정 추기경과 김인환 신부가 참석한 가운데 열렸다. 유럽성인이 아닌 한국성인이 주보성인으로 지정된 것은 인도네시아 가톨릭교회에서 처음 있는 일이고, 외국교회가 한국성인의 이름을 딴 성당을 건립한 것도 처음 있는 일이어서 연합뉴스 등 한국 언론에도 보도됐다.

◆ 불교와 한인사찰

한인 불교 신자들은 1990년대에 인도네시아에 한인들을 위한 사찰을 설립했다. 대표적인 사찰은 해인사 인도네시아(Yayasan Haeinsa Indonesia), 기원정사, 송광사 포교원, 수라바야 해인사 등이다. 해인사 인도네시아는 1991년 석용산 스님 주관으로 개최한 가정법회가 시작이며, 2007년 '해인사 인도네시아'로 인도네시아 종교청에 정식 등기를 하고, 자카르타 남부 파트마와티 지역에 절터를 구입해 법당의 모습을 갖췄다. 해인사는

해인사인도네시아 신도들

양로원과 취약계층을 방문해 봉사활동을 펼치고, 인도네시아 나환자촌 봉사단체인 '헤븐스'를 매달 지원하며, 자카르타한국국제학교에도 장학금을 전달하는 등 인도네시아와 한인공동체에도 자선활동을 펼치고 있다. 기원정사는 1996년 자카르타 능인선원으로 출발해서, 2016년 현 위치로 이전하고 성찬 스님을 지도법사로 해, 조계종 기원정사가 됐으며, 신도는 30명 정도이다. 송광사 포교원은 2005년 해인사 인도네시아에서 분리됐고, 송광사 분원 고려정사를 거쳐 2019년 송광사 포교원으로 확정했다. 송광사 포교원에 등록한 신도는 약 180명이다. 동부자바 주도인 수라바야에는 2018년에 '해인사 수라바야'가 설립되어 한인들의 수행장소가 됐다.

◆ **이슬람과 한인무슬림**

한인 이슬람신자들은 1970년대 후반부터 한국에서 이슬람교에 입문해 인도네시아로 유학을 온 이들과 인도네시아에 진출해 현지 이슬람신자와 결혼하면서 이슬람에 입교한 이들이 있다. 한인 이슬람신자들은 한인사원을 따로 만들지 않고 현지 사원에서 열리는 기도회에 참여하며, 현지 사회에 깊이 동화된 모습을 보인다. 2020년 기준 인도네시아에 있는 한인 무슬림은 200명 정도로 추산된다.

한인 무슬림으로 인도네시아에 처음 온 사람은 장근원(인도네시아 이름 압둘 나씨르)과 제대식으로 1978년

왼쪽 첫 번째가 안선근, 두 번째가 이민전

인도네시아 정부 초청 국비 유학생 자격으로 입국해서, 족자카르타에 있는 국립이슬람대학교에서 학사와 석사 학위를 취득했다.

1980년대 초 이슬람에 입교한 길호철은 1984년 경기도 광주 이슬람성원에서 이슬람에 입교한 한국학생들을 인도네시아 종교부에 추천해서 인도네시아에 유학할 수 있게 주선했다. 그를 통해 인도네시아에 온 학생들은 자카르타(8명), 반둥(4명), 스마랑(2명), 족자(2명) 등에 나뉘어 국립이슬람대학에서 공부했다. 이들 중 대표적인 인물은 안선근 국립이슬람대학(UIN) 교수이다. 1980년대 인도네시아에 투자하는 한국기업들이 크게 늘고 현지 인력 수요가 늘어남에 따라 이들 한인 무슬림 유학생들 중에는 봉제기업에 취업해 공부를 중단하고 기독교로 개종한 이들도 있다.

여성 무슬림 이민전(인도네시아 이름 Syarifari)은 주한 인도네시아 대사관 직원인 아미르 빠따스(Amir Patas) 장군과 결혼하면서 무슬림이 됐다.

2000년대부터는 현지인과 결혼하기 위해 이슬람으로 개종하는 사람들이 늘었다. 인도네시아는 부부가 같은 종교를 가져야 한다는 규정이 있다. 이강현 한인상공회의소 회장은 인도네시아인과 결혼하며 이슬람으로 개종하고 무슬림으로서 충실하게 살고 있다.

6장

인도네시아에서 한국을 알리는 사람들

◆ **인도네시아로 간 한국인 유학생들**

1970년대 인도네시아에 도전하는 한국인은 크게 두 갈래로 나뉜다. 한국에서 이슬람사원을 통해 인도네시아 유학생이 되거나 인도네시아어 또는 아시아 관련 공부를 하다가 인도네시아를 선택한 경우이다. 당시 한국 정부는 군필자만 문교부(교육부) 허가를 받고 제한된 국가에 유학을 허용했고, 인도네시아는 문교부 허가 대상 국가도 아니었다.

인도네시아에 처음 온 한국인 유학생은 1978년에 인도네시아 국비유학생으로 뽑혀서 온 장근원과 제대식으로 이슬람교가 이들을 이끌었다. 1977년 인도네시아 정부는 양국 우호증진을 위해 한국인 국비장학생을 선발했고, 당시 서울 한남동에 있던 한국이슬람중앙회 서울중앙성원 한국이슬람학생회에 참여하고 있던 연세대학교 식품공학과 3학년생 장근원과 한국외국어대학교 아랍어과 2학년생 제대식을 선발했다. 두 사람은 인도네시아 정부에서 지정한 족자카르타에 있는 수난 깔리자가 국립이슬람대학교(Sunan Kalijaga Institut Agama Islam negeri, IAIN))에서 학사와 석사과정을 공부했다.

장근원과 제대식은 1978년 4월 23일 김포공항을 출발해 홍콩을 거쳐 자카르타 할림공항에 도착했다. 다음 날 두 사람은 택시를 타고 주인도네시아한국대사관에 가자고 했으나 택시기사는 그들을 인공기가 걸려 있는 북한대사관에 내려주었다. 당시 인도네시아에는 북한이 한국보다 더 잘 알려져 있었다. 초창기 한국인이 겪었던 대표적인 에피소드이다.

장근원은 당시 중학생이던 자이니 총장의 딸 오바 에밀리아에게 과외 공부를 시켜주었고, 이것이 인연이 되어 두 사람은 1990년 결혼했다. 오바는 UGM 의과대학을 졸업하고, 의과대학장을 거친 후 2024년 현재 UGM 총장으로 재직하고 있다. 장근원은 이후 사업가의 길을 걸었고, 현재는 부인과 함께 족자카르타에서 종합병원 해피랜드(Happy Land Medical Center)를 운영하고 있다.

제대식은 1984년 족자에서 석사학위를 취득했고, 1996년에 자카르타 교육사범대학교(현 자카르타국립대학교, UNJ) 인도네시아어교육학과에서 박사학위를 취득했다. 제대식은 1992년 부산성심외국어전문대학교(현 영산대학교) 말레이-인도네시아어과 교수가 됐다.

1970년대 초반에 비이슬람으로 인도네시아에 유학온 사람은 성인용(고려대학 60학번)과 정영림(한국외대 64학번)이다. 성인용은 고려대학교 정치외교학과 대학원을 졸업하고, 이 학교의 아시아문제연구소 연구원 자격으로 국립인도네시아대학교(UI)에서 어학

대학교 졸업식에서 종교성 장관, 그리고 대학교 총장과 함께

연수를 했다. 성인용은 1971년 인니동화(현 코린도)에 입사해 코린도 사장, 한국학교 재단 부이사장, 한인회 부회장 등을 역임했다. 정영림은 UI 대학원을 졸업한 후 말레이시아 국립대학교에서 문학박사 학위를 취득하고, 한국외국어대학교 말레이인도네시아어과 교수가 됐다. 인도네시아어 동화『반쪽이 삼파파스』(창작과비평사 1985)와『꼬마 신문기자』, 소설『자카르타의 황혼』과『조국이여, 조국이여』, 시집『분노한 세상』등을 번역했다.

1980년대에는 한국 정부가 자비 유학을 허용함에 따라 인도네시아로 가는 유학생들이 증가했다. 인도네시아 교육부는 1980년대 중반부터 미국식 교육제도를 도입해 S1(학사 4년), S2(석사), S3(박사) 제도로 바꾼다. 인도네시아는 1990년대까지도 한국에서 학사과정을 이수한 것을 인정하지 않아서, 일부 학생들은 인도네시아 대학에서 학사 과정을 다시 이수했다. 이 시기의 대표적인 유학생은 한국외국어대학교 말레이인도네시아어과 졸업생인 임영호와 김장겸이다. 임영호는 1983년에 UI에서 학사부터 다시 시작해 박사를 취득하고 사이버한국외국어대학교 교수를 역임했다. 김장겸은 UGM에서 박사를 취득하고 한국외국어대학교 말레이인도네시아어과 교수가 됐다.

한국인 유학생 20여 명은 1986년경 자카르타에서 유학생 모임을 결성하고 초대 회장은 임영호가 맡았다. 이들은 유학생회보를 발간하고 인도네시아 대학과 교육과정 그리고 일생생활에 대한 정보를 공유했다. 유학생들은 한인회 행사를 지원하고, 기업에서 인도네시아어 통역과 가르치는 활동을 했고, 졸업 후에는 귀국해 교수가 되거나 인도네시아에서 현지 전문가 또는 컨설턴트 또는 사업가로 정착했다. 이 시기에 유학생으로 와서 인도네시아에 정착한 인물은 안선근 UIN 교수, 방치영 회계사,

강재영 변호사, 박진려 하나어학원 원장, 박영수 K-TV 대표 등이 있다.

1990년대에는 한국에서 신발, 봉제, 전자 산업이 대거 인도네시아에 진출하면서, 유학생들이 재학 중에 한국계 기업에 스카우트 되어 취업하는 사례도 종종 나왔다. 1990년대와 2000년대에는 UI, 아뜨마자야대학교, 뜨리삭띠대학교, UNAS, 뻴리따하라빤대학교 등 주로 주로 수도권 지역 대학에 각각 2~10명 내외의 한국학생들이 공부했다고 한다. 2000년대까지도 인터넷 인프라가 열악하고 휴대폰 보급률도 낮아서 타대학 학생들과의 교류는 활발하지 않았다. 유학생 수는 지속적으로 증가세를 유지했지만, 외교부 자료에 따르면 2009년 인도네시아 재외동포 31,760명 중 유학생은 156명이었고, 이중 자카르타에 126명, 그 외 지역 30명(UPH 14명) 수준이었다.

인도네시아와 한국 간 교류가 증가하고 인도네시아가 성장함에 따라 인도네시아에 오는 한국인 유학생이 늘었고, 인도네시아 한인 자녀 중에 현지 대학에 진학하는 학생도 늘었다. 인도네시아에서 한인기업 활동이 증가함에 따라 인도네시아어 실력과 현지 문화 적응력, 현지 인적 네트워크를 갖춘 유학생을 채용하는 수요도 늘었다. 2012년에는 한인학생회가 UI와 UPH에 만들어졌고, 자카르타와 수도권 대학들 간 유학생 교류도 활발해졌다. 외교부 자료에 따르면, 2015년과 2019년 사이에 인도네시아 재외동포 수는 40,741명에서 22,714명으로 절반으로 줄었지만 유학생 수는 427명에서 617명으로 늘어났다. 2020년부터 코로나19 팬데믹이 강타한 후 유학생 수가 2021년에 301명, 2023년에 107명으로 감소했다.

◆ **인도네시아어 전공자들의 활약**

안영호 한국외대 말레이·인도네시아어과(이하 마인어과) 명예교수는 "인도네시아에 진출하는 한국 기업에게 최우선은 현지인과의 의사소통이었다. 1960~1970년대 한국 기업의 인도네시아 원목개발회사에 취업해, 전 입미답의 원시림에서 무더운 기후와 열대 풍토병과 싸우고, 현지 직원들과 생사고락을 같이 하며 회사와 자신의 삶의 기틀을 마련했다"고 말했다. 이어 당시 현지에서는 일부 해외에서 유학한 고위급 공무원이나 지식인들이 영어를 사용했지만 일반적인 소통수단은 아니었다고 전했다. 특히 1967년 집권해 32년간 철권통치한 수하르토 대통령은 국가통합의 기치 아래 화교들의 중국어 사용을 금지시키고 인도네시아어 사용을 강제했던 만큼 인도네시아어라는 첨단무기(?)를 가진 마인어과 졸업생들은 필수요원이었다고 설명했다.

1973년 한국과 인도네시아 간 대사관계 수교를 전후해 한국외국어대학교 출신들이 속속 인도네시아로 온다. 당시에는 한국외대가 유일하게 1964년부터 마인어과를 설립해 운영했다. 일부는 배편으로 인도네시아에 왔고, 다른 일부는 직항이 없던 시절이어서 홍콩을 경유해 끄마요란 공항과 할림공항으로 입국했다. 상대적으로 마인어과 출신들은 다른 분야에 비해 현지에 정착하는 비율도 높았다.

한국외대 동문가족 체육대회 2016. 9. 12

한국외대 마인어과는 1963년 문교부(현재 교육부) 설립 인가를 받아, 1964년에 인도네시아어과로 출발했다. 1960대 초 당시 우리 정부는 대외관계에 있어 북한이 외교관계를 체결하고 있는 국가와는 외교관계를 맺지 않는다는 '할슈타인 원칙'을 고수하고 있었지만, 비동맹중립국 진영에서 중심 역할을 하고 풍부한 천연자원을 바탕으로 장차 강대국의 잠재력이 큰 인도네시아의 중요성을 일찍이 감지하고 적극적인 외교적 노력을 기울이며, 인도네시아 진출을 준비했다. 양국 외교관계 수립 이전에 인도네시아어과 개설은 이례적인 일이었고, 당시 인도네시아가 북한의 단독 수교국이었기 때문에 국내에서 독자적인 학과로 출발하는 것에 대해 사회 전반에 걸친 공감대를 얻지 못한 것도 사실이다. 이에 따라, 1966년 말레이·인도네시아어과로 학과명이 변경되었다.

1967년 한국외대 동문인 오세윤(영어 58)이 서울통상 주재원으로 처음 자카르타에 부임했다. 이어 1971년 1월 이진휴(마인어 64)는 코트라 주재원으로, 이승민(마인어 64)은 그해 4월 (주)인니동화 현지법인(현 코린도) 창립멤버로, 여한종, 이주명 등도 그해 코데코(한국남방개발) 직원으로 인도네시아에 왔다. 1972년에는 미원 현지법인 창립멤버로 김종권(마인어 65), 거의 같은 시기에 신성철(마인어64)과 엄기홍(마인어 64)이 들어와 인도네시아 한인사회의 개척자가 됐다. 여한종은 1974년 지역전문가 외교관으로 특채되어 영사, 공사를 거쳐 파푸아뉴기니 대사(1998년 5월 3일~2002년 3월 2일)로 근무했다. 한국외대 출신 대사로는 주인도네시아한국대사관 13대 윤해중 대사(정치외교학 64)와 아세안대표부 2대 서정인 대사(독일어 80), 3대 김영채 대사(영어 84)등이 있다.

1982년 개교한 부산외국어대학교 인도네시아어과 출신들은 대부분 1980년대 후반부터 입국하기 시작해 손용(83) 전 CJ 인도네시아 대표(현재

고문), 홍종서(84) 전 한인상공회의소 사무총장, 박진려(84) 하나어학원장, 정제의(98) 한인상공회의소 부회장 등을 비롯해 많은 동문들이 동포사회 곳곳에서 활동하고 있다.

2003년 영산대학교와 통폐합된 성심외국어대학도 1993년부터 인도네시아어과 졸업생을 배출하며 현지 동포사회에 진입해 최재혁(92) 무궁화 유통 식품본부장, 정성석(93) LG 이노텍 부사장 등 여러 동문들이 동포사회의 허리를 구성하고 있다.

◆ 인도네시아에 한국을 알리는 한국학

인도네시아에서 한류가 본격적으로 확산되는 시기였던 2011년 7월에 자카르타 한국문화원이 개원하고 같은 해 한국관광공사도 진출해 한국과 한국문화 관련 행사가 증가했다. 한국문화원에서 운영하는 한국어 강좌인 세종학당에서 공부한 인도네시아인들은 한국문화 관련 행사의 주된 참여자가 됐다.

한국학을 인도네시아에 보급하려는 노력은 1980년대부터 주인도네시아한국대사관을 주축으로 시작되고, 1991년 설립한 한국국제협력단(이하 KOICA)과 한국국제교류재단(KF) 그리고 한국학술진흥재단이 참여해 인도네시아 대학에 한국어과를 설립하려는 노력이 지속적으로 이어져서 주요 대학에 한국 관련 학과들이 생기고 한국어 관련 강의도 속속 개설됐다. 한국어학과는 소속 대학에서도 인기가 높고 지원자가 많아서 상대적으로 우수한 학생들이 치열한 경쟁을 뚫고 입학하는 것으로 알려졌다.

인도네시아에서 한국학의 중심은 대학이다. 인도네시아에 처음 설립된 한국학 관련 기관은 1987년에 나쇼날대학이 설립한 한국학연구소로, 당시 여한종 한국대사관 참사관이 주도했고, 일반인과 대학생을 위한 한국어 강좌를 운영했다. 재인니한국부인회는 나쇼날대학교 한국학연구소 설립을 위해 발전기금(장학기금) 10,000불을 기부했다. 한국학술진흥재단이 파견한 박진려 교수(UNAS 재임:1993-2004)는 1994년 9월에 3년제 Diploma(D3) 과정의 비공인 한국어과를 설립했다. 나쇼날대학교 한국어과는 2005년 5월에 인도네시아 교육부 공식인가를 취득했고 2017년부터 4년제 한국어과가 되었다.

인도네시아에서 한국학이 활발한 대학교는 인도네시아 명문 대학으로 꼽히는 가자마다국립대학교(UGM, Universitas Gadjahmada)이다. UGM은 1995년 한국어 강좌를 선택과목을 개설했고, 1996년에는 한국정부 지원으로 한국학연구소를 설립했다. 2003년 3년제(D3) 과정의 한국어과를 설립했고, 2007년 4년제 과정(S1)의 한국어과를 개설했으며, 이후 이름을 한국문화학과로 변경해 운영하고 있다. 코이카는 1997년부터 교육기자재를 기증하고 교원을 파견했고, 한상기업인 코린도그룹을 포함해 한국계 기업들은 지속적으로 장학금을 지원해왔다. 2008년에는 UGM 한국어학과가 중심이 되어서 인도네시아한국학회(INAKOS)를 설립하고 연 2회 학술대회를 개최했다. 당시 양승윤 한국외대 명예교수는 한국어학과와 한국학회설립에 큰 역할을 했다. UGM 한국관(Gedung Korea)은 2003년에 인도네시아 생활가전제품 선도기업 (주)매직컴(회장 마용도. 구 용마전자)이 후원해 세운 건물로 1층에 학생식당, 2층에 동호회 룸, 3층에 중형 원형극장과 한국학연구소 등이 입주해 있다. 인도네시아에서 가장 오래된 대학은 국립인도네시아대학(UI)이지만 네덜란드 식민정부가 세운 대학이고, UGM은 인도네시아인이 세운 최초의 대학으로 1949년 12월 19일에 공식 개교했다. 인도네시아 제7대 대통령인 조코 위도도, 제11대 부통령 부디오노, 족자카르타 주지사이자 술탄인 하멩꾸부워노 10세, 현 외교장관 레트노

마르수디, 보건부 장관 시티 파딜라 수파리 등이 UGM 졸업생이다.

국립인도네시아대학교(University of Indonesia, UI)는 1986년에 한국어를 선택과목으로 처음 개설하고, 2006년에 4년제 과정으로 한국학과(현 한국어문화학과)를 설립했다. 한국정부와 역대 한국대사들은 인도네시아에서 가장 큰 국립대학이자 가장 오래된 대학이라는 상징성 때문에 UI에 한국학과를 개설하기 위해 꾸준히 노력했다. 2006년에는 한국국제교류재단과 코이카에서 한국어 강사 2명을 파견했고, 2009년부터는 코이카가 강사 3명을 지원했다. 한국계 기업은 한국학과를 포함해 UI에 지속적으로 장학금을 후원한다. UI 한국공원(TaKor: Taman Korea)은 2002년에 (주) 매직컴이 후원해서 사회과학대학과 문과대학 사이에 만들었다. UI 한국학과도 인기가 높아서 매년 지원자가 몰렸고 덕분에 최고 수준의 커트라인을 유지하고 있다. 2007년에는 28명 모집에 1048명이 몰리기도 했다.

인도네시아에서 한국어와 한국어를 배우려는 수요가 급증하자 이를 가르칠 교원 양성이 시급해졌다. 이에 국립인도네시아교육대학교(Universitas Pendidikan Indonesia, UPI)가 2015년에 한국어교육학과와 한국학연구소 설립했다. 신영덕 교수는 한국국제교류재단 객원교수로 UI에 파견되어 임기를 마친 후, 교원 양성의 필요성을 느끼고 UPI에 한국어 교원 양성을 위한 과정을 설립하도록 노력했고, 이후 UPI에서 한국어, 한국문학, 한국사 등을 가르쳤다. 〈인도네시아한국학교육학회〉는 인도네시아에서 한국어와 한국학을 가르치는 교수, 교사, 학원 강사 등이 정보교환과 친목 도모를 위해 UPI와 신영덕 교수 주도로 설립한 학회로 매년 세미나를 개최하고 있다.

이 밖에도 스마랑의 디쁘느고로대학교(UNDIP), 마까사르의 하사누딘대학교(UNHAS), 반둥의 인도네시아컴퓨터공과대학교(UNIKOM), 메단의 국립

수마트라대학교(USU) 등을 포함해 여러 대학에서 한국어 정규강좌를 개설해 학생들에게 호응을 얻고 있다.

인도네시아 고등학교에서도 제2외국어로 한국어를 도입하기 시작했다. 2005년에 국립 제27 고등학교(중부 자카르타 소재)는 한국어 수업을 제2외국어 선택과목으로 개설했다.

한국어 사설학원은 주로 한국 송출 노동자들이 한국어를 배우기 위해 이용하며, 2000년에 인니해용학원(원장 안선근)이 처음 개원했고, 2006년(~현재)에는 하나어학원(Hana Language Center, 원장 박진려)이 생겼다. 한국어를 구사하는 인도네시아인이 늘면서 자카르타, 수라바야, 족자카르 등지에 인도네시아인이 운영하는 한국어학원이 속속 개원했다.

세종학당은 한국어를 배우고자 하는 외국인을 대상으로 한국어와 한국문화를 교육하는 기관으로, 자카르타에 인도네시아 거점 세종학당 1곳과, 자카르타, 수라바야, 반둥, 족자카르타 등지에 세종학당 5곳을 운영하고 있다.

국립인도네시아대학교(UI) '한국문화의 날'(KOREAN CULTURE DAY 2012) 행사(2012. 3. 17)

[인터뷰] 한국-인도네시아를 연결하는 사람들

 ### 수라이 아궁 누그로호
국립가자마다대학(UGM) 한국문화학과 교수

족자카르타 소재 국립 가자 마다대학교의 수라이 아궁 누그로호 한국문화학과 교수

"한국-인도네시아 다문화가정의 2세들을 양국의 정체성을 동시에 갖는 지도자로 키워야 한다고 생각하고, 이를 위한 체계적인 지원이 필요하다." 족자카르타 소재 국립 가자마다대학교(UGM) 한국문화학과 수라이 아궁 누그로호(Suray Agung Nugroho) 교수는 "한국과 인도네시아의 미래를 위해 양국의 문화를 이해하고 있는 다문화가정의 2세 양성이 매우 중요하다"며 이 같이 말했다.

인도네시아에서 한류를 'K-쓰나미'라는 은유적으로 표현한 수라이 교수는 UGM 영문과를 졸업한 이후 한국국제교류재단(KF) 펠로우십 프로그램에 참여하면서 한국과 인연을 맺게 되었다. 한국외대 국제지역대학원에서 석사와 박사 학위를 취득하고 현재 UGM 인문대학 한국문화학과 교수로 재직하고 있다.

Q. UGM 한국문화학과는?

A. UGM에는 한국어만 공부하는 4년제 실무과정(D4)과 한국어와 한국문화 등 한국학을 배우는 일반대학(S1) 과정이 있습니다. 한국문화학과는 2003년에 3년제 실무과정(D3)으로 출발해서 D4과 S1로 발전했습니다. D3 약

200여명의 수료생을 배출했고, 강사진이 부족해 2012년 중단됐습니다. S1는 2007년 설립돼 지금까지 졸업생 약 380여명을 배출했습니다.

Q. 한국문화학과 졸업생의 진로는?

A. 한국학과 졸업생 중 40%는 한국 기업이나 한국 기관에 취업하고, 나머지 60%는 인도네시아 기업, 은행, 공무원에 취업하기도 하고 번역가로 활동합니다.

Q. 인도네시아 젊은이에게 한국문화학과는 인기가 있나?

A. 한국학과 경쟁률은 2015~2023년 입학생의 경우 '47 대 1' 정도로 타학과와 비교해 높은 경쟁률을 보이고 있습니다. 워낙 경쟁률이 치열하다보니 합격과 불합격 간 차이가 근소합니다. 한국문화학과 인기가 좋아서 입학정원도 45명에서 시작해 순차적으로 늘어서 올해는 65명을 선발했습니다.

Q. 수라이 교수님은 박사학위 논문을 한국에 파견된 인도네시아 노동자에 대한 연구로 쓰신 것으로 알고 있습니다. 한국에서 일하는 인도네시아 이주노동자에 대해?

A. 인도네시아 노동자들에게 코리안드림은 생계수단 이외에도 학업, 하지(Haji, 성지순례) 등 목적이 있습니다. 노동자이니 당연히 급여를 받아서 돈을 많이 모으겠다고 생각하지요. 두 번째는 학업입니다. 한국에는 인도네시아 정부가 운영하는 개방대학(Universitas terbuka)이 있습니다. 일부 인도네시아 노동자들은 주중에는 직장에서 일하고, 주말에는 안산에 있는 개방대학에서 공부를 해서 학위를 취득해 돌아옵니다. 귀국해서 공무원이나 대학 강사 등 직업을 얻게 됩니다. 마지막으로는 사우디아라비아로 가는 성지순례입니다. 인도네시아는 하지 쿼터가 수요보다 작고 성지순례를 한다면, 웨이팅 리스트(waiting list)에 올려 15년 정도 기다릴 수밖에 없습니다. 한국은 여유가 있습니다. 한국에서 일하는 동안 한국의 하지

쿼터로 성지순례를 다녀오는 것도 코리안드림의 일부분입니다.

Q. 한류를 K-쓰나미라고 표현하셨는데, 향후 한류가 인도네시아에서 어떻게 전개될까?

A. 지금은 한국과 인도네시아 간 문화교류에 있어서 한국문화의 인도네시아 전파가 압도적인 우위입니다. 하지만 이런 상황에 대해 크게 우려하지 않습니다. 또 인도네시아 문화를 한국에 더 많이 전파하고 양국 문화 교류의 균형을 잡는 것이 아직 늦지 않았다고 생각합니다. 인도네시아가 경제적으로 더 성장할 필요도 있다고 봅니다. 인도네시아 경제력이 좋아진다면 한국에 소개되는 인도네시아 문화도 늘어날 것으로 봅니다. 이와 관련해 한 가지 제안을 드리자면 인도네시아 정부보다는 대기업들이 인도네시아 문화를 해외로 특히 한국으로 전파하는 역할을 해주었으면 합니다. 지금은 인도네시아 대기업들이 미국과 유럽 등지에서 하는 공연과 전시회를 많이 후원하고 있는데, 이런 후원의 일부를 한국으로 돌렸으면 합니다.

Q. 한류가 지금 같은 인기를 앞으로도 누릴 수 있을까요? 요즘 대통령 후보들이 K-pop 콘서트 유치를 공약으로 내기도 했습니다. 우려하지 않아도 될까?

A. 인도네시아 FM 라디오 방송에서 한국 노래를 일상적으로 들을 수 있습니다. 한국 드라마도 마찬가지고요. 한국 콘텐츠가 더 이상 낯설지 않습니다. 일상이 된 것이지요. 마룹 아민 부통령은 K-pop에서 영감을 얻어 창의력을 높이기를 희망한다고 말씀하셨습니다. 미국, 일본, 중동, 인도 등 문화가 천천히 인도네시아에 들어온 것과 달리 한국문화는 한꺼번에 빠른 속도로 확산되어서 크게 보이지만 우려할 정도는 아니라고 봅니다. 헐리우드 영화가 인도네시아 극장을 휩쓸어도 아무도 신경 쓰지 않는 것과 같습니다. 몇 년 전에 생긴 것처럼 앞으로도 인도네시아 정치인들은

선거전에서 K-pop과 한류를 더 많이 언급할 것입니다. 그렇다해도 우려하지 않아도 된다고 생각합니다. 선거철이 지나면 모두 잊어버리니까요.

Q. 끝으로 하실 말씀은?

A. 한국인과 인도네시아인 국제결혼가정의 자녀들을 저는 코린도(Korindo) 세대라고 부릅니다. 코린도는 제가 다문화 가정 자녀들을 가리키는 말로 만든 단어입니다. 같은 이름의 한국기업과는 관련이 없습니다. 현재 20대에 접어든 코린도 세대는 자기가 자란 지역에 따라 한쪽으로만 정체성이 형성된 경우가 많습니다. 저는 코린도 세대를 양국의 정체성을 동시에 갖는 지도자로 키워야 한다고 생각하고, 이를 위한 체계적인 지원이 필요하다고 제안합니다.

오바 에밀리아
국립가자마다대학(UGM) 총장

"오래 전에 한국 가요 '사랑해'와 '나비소녀'를 즐겨 불렀습니다." 오바 에밀리아(60, Ova Emilia) 가자마다대학교(이하 UGM) 총장은 한국과의 오래된 인연을 이 같이 말하면서, "한국은 저개발 국가에서 빠르게 성장해 선진국으로 발돋움한 경험이 있어서, 인도네시아의 경제와 과학기술 발전의 훌륭한 롤모델이 될 수 있다고 생각합니다"라고, 2024년 2월 19일 주인도네시아 한국대사관에서 한인뉴스와 데일리인도네시아와의 공동 인터뷰에서 말했다.

오바 에밀리아 총장

UGM에서 드위꼬리따 까르나와띠 총장(2014~2017, 현 기상기후지질청장)에 이어 두 번째 여성 총장이 된 오바 총장은 UGM 의과대학장을 거쳐 2022년 5월 총장에 선출됐다. 오바 총장의 부친은 국립 IAIN 수난 깔리자가 대학교와 인도네시아이슬람대학교(UII)의 총장을 역임한 학자이다. 오바 총장은 족자카르타(이하 족자)로 유학 온 인도네시아 첫 한국인 유학생 장근원을 만나 1990년에 결혼했다.

한국인 유학생인 장근원은 연세대학교 식품공학과 3학년 재학 중 1977년 한국 최초의 인도네시아 국비 유학생으로 선발돼 족자에 있는 IAIN 수난 깔리자가 대학에서 공부했다. 당시 이 대학의 자이니 다흘란 총장은 장근원 씨의 성실함을 인정해 외동딸 오바와 결혼을 승락했다고 한다. 장근원은 족자에 있는 종합병원 해피랜드 메디컬센터를 설립해 운영하고 있다.

Q. UGM에서 두번째 여성 총장으로 선출됐는데, 인도네시아에서 양성평등 수준은

A. 인도네시아 사회는 원칙적으로 양성평등이 지켜지는 사회이다. 남성과 여성 모두에게 같은 기회가 주어진다. 실례로 UGM의 졸업생의 60%가 여성이다. 이는 고등교육에서 여성의 비율이 높다는 것을 의미한다. 예를 들어, 총장이 남성이라면 일정 비율의 여성 부총장을 둔다. 정부와 정계에서도 양성평등을 위해 일정 비율의 직책을 여성에게 배분하는 규정을 두고 있다.

Q. UGM과 한국 대학교 간 협력 방향은

A. UGM뿐만 아니라 다른 인도네시아에 있는 대학교에서 언어와 문화적인 연구가 활발하게 이루어지고 있다. 이제는 언어와 문화를 넘어서 다양한 학문 분야로 확대하기를 기대한다. 특히, 이공계와 바이오메디컬 등 의료

보건 및 농업 분야로 확대하기를 희망한다. 또 인도네시아 학생들이 한국에서 유학을 하고 있는 만큼 많은 한국 학생들도 인도네시아로 유학해 균형있는 인적교류가 이루어지도록 제도적인 뒷받침이 필요하다.

Q. 족자는 물론 인도네시아 전역에 한류 열풍이 뜨거운데, 한류의 부정적인 측면과 긍정적인 측면은

A. 한국은 최근 글로벌 트랜드의 중심에 있고, 인도네시아에서도 한류가 강한 영향권에 있다. 한국 문화의 장점을 받아들여 활용하는 방안을 모색할 수 있다. 한국음식에서 새로운 아이디어를 얻어 비즈니스에 활용하는 방안을 예로 들 수 있다. 부정적인 측면에서는 한류가 현지에서 전통 문화에 위협이 되기도 하지만 글로벌 역동성은 피할 수 없다.

Q. UGM 발전 전략에 대해

A. UGM은 수많은 섬으로 이루어진 인도네시아 오지에 거주하는 학생들과 경제적으로 어려운 학생들에게 교육에 기회를 주기 위해 온라인 교육과 지원 방안을 모색하고 있다. 국제적으로는 글로벌 네트워킹을 강화하고 연구활동을 통해 산학이 연계할 수 있도록 노력하고 있다.

제2부

인도네시아로 간 한국 기업, 기업인

한국-인도네시아 교류의
핵심동력은 경제협력

무엇보다 한국-인도네시아 관계의 핵심적인 동력은 경제 분야이다. 양국 수교 이전인 1968년에 대한민국 최초로 한국남방개발(KODECO, 코데코)을 통해 해외직접투자(FDI)가 이루어져, 인도네시아와 50여년 동안 상호보완적인 경제협력을 강화해왔다. 양국 경제사의 기념비적인 사건은 2020년 12월에 체결한 '포괄적 경제동반자협정'(CEPA)에 합의 것이다. 대한민국 국회는 2021년 6월에, 인도네시아 의회는 2022년 8월 30일에 CEPA 비준을 각각 완료함으로써 한-인니 경제협력의 100년을 향한 새로운 지평을 열었다.

투자 초기부터 현재까지 한국 기업의 반세기 진출 역사는 4단계로 볼 수 있다. 즉, 각각의 출발점이 1960년대 후반, 1980년대 후반과 2000년대 초반이다. 이어 양국 관계가 '특별 전략적 동반자관계'로 격상되고 CEPA가 발효된 2020년 전후가 인도네시아 한인기업 진출의 네 번째 출발점이다.

한국기업의 진출의 첫번째 물결(The 1st Wave)인 '초창기'는 1960년대 후반부터 시작돼 1980년대 중반까지이다. 이 기간에 수하르토 정부는 도탄에 빠진 경제를 살리고 산업화의 발판을 마련하기 위해 자국의 최대 자원인 광물과 원유, 산림 부문의 개발 정책을 입안하기 시작했다. 때마침 한국은 제2차 5개년 계획을 막 시작하는 시기로 목재와 석유, 사탕수수 등 원자재 확보가 필요했다. 코데코가 현지에 진출한 이후 코린도(Korindo, 인니동화) 등 원목개발 기업이 속속히 진출했다. 종합상사와 건설업, 제조업 등의 진출도 이어졌다.

한국기업의 진출 두 번째 물결(The 2nd Wave)인 '발전기'는 1980년대 후반부터 시작돼 1990년대 말까지이다. 인도네시아가 1980년대 후반 외국인 직접투자에 대한 규제를 완화하면서 시작됐다. 1988년부터 한국의 노동집약산업인 봉제와 신발 업체가 대거 진출한다. 1990년 이후 LG전자, 삼성전자, CJ 등 대기업 진출에 이어 자동차, 철강, 금속, 석유화학 등 중화학공업 투자 및 삼성화재 등 서비스업이 동반 진출했다. 하지만 1998년 아시아 외환위기 당시 국제통화기금(IMF)의 경제구조조정계획으로 촉발된 32년 철권통치 수하르토 정권의 붕괴로 기아자동차 등 한국의 대규모 투자기업이 철수하는 쓰라린 경험을 겪어야 했다.

한국기업의 진출 세 번째 물결(The 3rd Wave)인 '제1차 성숙기'는 2000년대 초반부터 시작돼 2010년대 후반기까지 이어진다. 이 기간 한-인니 관계는 '전략적 동반자 관계'로 발전한다. 인도네시아가 1998년 5월 사태 이후 5년 동안 혼란의 과도기를 거친 후, 2004년 최초로 직접선거에 의해 선출된 수실로 밤방 유도요노 대통령이 집권하면서 정국과 치안이 안정되고 대(對)중국 자원수출이 크게 증가하면서 연 평균 6%의 높은 경제 성장률을 기록했다. 유도요노 정부는 투자법을 크게 개정해 국내외 투자자에 대한 규제 완화 정책 덕분에 투자가 크게 증가하면서 호황을 구가했다. 이 기간 한국기업은 제3단계 진출 시기를 맞이하며 중화학공업, 유통, 금융, 법무법인, 정보통신기술(ICT), 방산 및 한류와 관련된 상품과 콘텐츠 산업 등 자본과 기술집약적 산업이 진출한다.

한국기업의 진출 네 번째 물결(The 4th Wave)인 '제2차 성숙기'는 2010년대 후반부터 시작된다. 양국은 2017년 '특별 전략적 동반자 관계'로 격상된다. 코로나19 팬데믹으로 경기 침체가 장기화 조짐을 보이던 양국 정부는 '포괄적 경제동반자 협정(CEPA)' 논의를 재개해 합의를 끌어냈으며, 의회는 비준을 완료해 미래 경제협력 동반자로서 맞손을 잡았다. 2023년 1월부터 발효된 한-인니 CEPA는 양국의 시장을 개방한다는 의미에서 '자유무역협정'인 FTA와 비슷한 협정이다. 하지만 CEPA는 상품과 서비스 교역, 투자 등 무역 확대에 무게를 둔 FTA에 비해 정부 간 경제 협력 및 인적·문화적 교류를 포괄한다는 점에서 더 큰 의미의 경제협정이다. CEPA는 주로 선진국과의 경제협력을 원하는 개발도상국이 선호하는 방식인만큼 양국이 상생할 수 있는 협정이다.

두 나라는 한·아세안 FTA를 통해 어느 정도 시장을 개방한 상태지만 CEPA가 발효되면 관세 철폐 수준은 더 올라가게 된다. 산업통상자원부에 따르면 CEPA 발효로 한국은 전체 품목 중 95.8%, 인도네시아는 94.8%의 관세가 사라진다. 특히 철강, 플라스틱 및 자동차 부품류가 큰 수혜를 보게 된다. 인도네시아는 자동차 강판용 철강 제품(5~15%)과 자동차용 스프링(5%), 베어링 등 기계 부품(5%), 의류(5%) 등을 한국에서 수입할 때 관세를 없애게 된다. 트랜스미션과 선루프(5%), 정밀화학제품(5%) 등도 즉시 또는 5년 이내에 무관세를 적용한다. 반면 한국은 벙커C유(3~5%)와 정밀화학원료(5%), 원당(3%), 맥주(15%) 등에 대해 즉시 또는 5년 이내에 관세를 철폐하게 된다. 민감한 부문인 농·수·임산물은 현재 개방 수준을 유지하게 된다.

왜 인도네시아를 주목하는가

미국과 중국의 경쟁이 코로나19 사태 이후에 격화되고 있는 가운데, 글로벌 밸류체인(GVC, Global Value Chain, 가치사슬)이 재편되면서 탈중국 현상이 가속화하고 있다. 이러한 혼돈의 시대에 자원부국이며 잠재력이 큰 내수시장을 갖고 있는 인도네시아가 GVC의 지각변동의 수혜국으로 떠오르고 있다. 시의적절한 한-인니 CEPA 발효는 양국 간 경제협력이 한 단계 더 도약하는 계기가 될 것이다. 현대자동차, LG에너지솔루션, KCC글라스, 롯데케미칼 등 한국 첨단산업 대기업뿐만 아니라 인도네시아 신수도 건설사업, 제약·바이오 및 한류 관련 산업 부문에도 투자가 이어지고 있다. 인도네시아도 지난 2020년 11월 고용창출법(일명 옴니버스법)을 제정해 경직된 노동시장을 개혁하여 투자환경을 개선하는 등 외국인 투자자에게 문호를 활짝 열었다. 평균연령 29세이며, 2억 8천만명의 세계 제4위 인구대국인 인도네시아는 생산기지이자, 중산층이 확대되고 있는 거대한 소비시장으로 부상하고 있다. 최근 인도네시아에서는 한국 제조업의 기술력이 인정받고, 한류로 좋은 이미지를 형성하고 있는 만큼 우리나라의 국격이 지속적으로 상승했다. CEPA를 통해 양국 관계가 현재의 황금기를 넘어 공동번영을 향한 미래 동반자로의 관계로 새롭게 도약해 나갈 것이며, 양국 관계는 50년의 우정을 넘어 100년지기 미래 동반자로 함께 나가고 있다.

1장

초창기
: 인도네시아의 자원을 찾아서

◆ **최초 해외직접투자 '코데코'와 최초 해외공장 '미원'**

한국은 박정희 정부의 주도로 산업 구조 근대화와 자립경제의 확립을 촉진한다는 기치 아래 제1차 경제개발 5개년 계획(1962~1966년)을 시행한 데 이어 '제2차 경제개발 5개년계획'(1967~1971년)을 한창 진행할 때, 인도네시아는 제1차 경제개발 5개년계획(1969~1974년)을 막 시작했다. 천연자원 부국인 인도네시아는 자원 개발을 통한 국가 경제의 자립 기반 마련이 시급한 시기였다. 이를 위해 인도네시아는 외국인투자법(1967/Law No.1 of 1967), 산림기본법(1967), 내국인투자법(1968), 산림개발권에 관한 법령(1970)을 순차적으로 제정했다. 이 무렵 한국은 제조업 육성에 필요한 원자재가 필요했다. 1960년대 후반부터 한국기업은 인도네시아에 본격적으로 진출해 국내 경제 개발에 필요한 목재·원유·석탄·사탕수수 등 원자재 확보에 나섰다. 1968년 코데코가 남부칼리만탄 지역의 원목개발을 위해 진출했고, 이듬해 코린도(당시 인니동화)도 동부칼리만탄 지역에 같은 업종에 진출했다.

코데코와 코린도 진출 이후 원목개발이 러시를 이룰 때, 인도네시아에

최계월 코데코 회장과 박정희 대통령

투자한 한국기업은 경남교역, 한인흥업, 신흥목재, 유림사리 등 총 7개 업체가 있었지만, 1980년 초 원목 수출금지 조치 이후 기존의 한국계 원목개발 회사들 중 합판공장을 소유한 코린도와 코데코 정도의 기업들만이 원목개발 사업을 지속할 수 있었다. 그리고 현재까지 산림 분야 사업을 지속하고 있는 기업은 코린도가 유일하다.

대한민국 1호 해외공장은 1973년 인도네시아에 진출한 미원(현 대상, PT Miwon Indonesia)이다. 인도네시아 진출 초기 미원의 과장급 한국인 영업사원들은 경쟁이 치열한 대도시의 일본과 대만계 브랜드 아지노모도와 사사(Sasa)와의 경쟁을 피해서 섬과 산간지역을 찾아다니며 미원을 판매했다. 특히 무더위 속에서도 단정한 복장을 한 한국인 중견사원들이 장터를 누비고 다닌 열정적인 모습은 유명한 일화로 회자되고 있다. 미원은 판매영업부터 시작해, 1975년 공장을 완공하고 이듬해부터 조미료 중

간제품(DGA)의 생산에 돌입했으며, 1978년 본격적으로 사탕수수를 발효한 조미료(MSG) 생산을 시작했다.

1972~1985년 기간에는 자원확보형 투자 이외에도 건설과 무역업의 진출이 주류를 이뤘다. 1972년 12월 삼환기업이 수마트라 횡단고속도로 공사계약을 인도네시아 정부와 체결했다. 1973년 6월에는 대림산업이 가스압축플랜트 공사를 수주했으며, 같은 해 12월에는 현대건설이 자카르타와 남부 외곽 보고르(Bogor) 지역을 잇는 자고라위(Jagorawi) 고속도로 건설계약을 체결했다. 종합상사로 한남무역(1971년 쌍용그룹 인수)이 1968년 진출하여 인도네시아에 시멘트를 수출하고 커피를 수입했다. 1973년 11월에는 한일시멘트가 동부자바주 수라바야에 철근 생산 공장인 한일자야(Hanil Jaya)를 설립했다.

1970년대 두 차례에 걸친 석유 파동을 겪으면서 한국 정부는 본격적인 원유 확보와 개발에 총력을 기울였다. 그 결실로 1981년 5월에 코데코에

코데코에너지의 마두라 해상유전

너지와 국영 석유회사 페르타미나(Pertamina) 간 서부 마두라(Madura barat) 유전공동개발 사업이 승인되었고, 이로써 본격적인 유전개발이 시작되었다. 코데코에너지의 유전개발사업은 한국 최초의 해외석유개발 사업으로, 한국기업이 막대한 자본과 기술이 요구되는 석유개발 사업을 해외에서 참여했다는 점에서 커다란 의미를 가진다.

키데코(Kideco)는 1982년 삼탄이 인도네시아에 합작으로 설립한 유연탄 채굴 및 판매 회사다. 동부칼리만탄주 빠시르 광산 채굴권을 보유하고 이곳에서 생산하는 유연탄을 한국과 인도네시아는 물론 전 세계에 판매했다. 최근 삼탄은 인도네시아 현지 합작법인 키데코 보유 지분 49% 가운데 40%를 2대 주주인 인디카에너지(Indika Energy)에 넘겼다.

◆ 산림개발에서 그린비즈니스로

한국기업 해외진출사 첫 페이지를 장식한 코데코와 코린도는 한국의 해외 투자 역사 이상의 의미를 지닌다. 한국기업의 인도네시아 산림 부문 진출은 기존의 원목 수입 방식에서 벗어나 인도네시아에 현지 법인을 설립하여 직접 개발을 수행하는 해외직접투자 방식으로 이루어졌다. 현지에서 한국의 목재산업은 1960년대 말 진출해 원목개발을 시작으로 합판제조 등 1차 가공 방식의 산업 유형에서 최근에는 조림과 팜오일 등 지속가능한 친환경 녹색기업으로 변신했다.

산업화가 태동하던 1960년대 한국 합판산업은 대부분이 동남아시아에서 열대 나왕목을 수입해 가공했다. 그런데 당시 가장 최대 원목 생산 국가인 필리핀과 말레이시아가 1970년 초부터 원목 수출 금지를 단행하자, 산업정책을 총괄하는 한국 정부와 기업들은 새로운 해외 원목 수급지를 필요로 하게 되었다. 이에 따라, 필리핀과 말레이시아와 비교하면

코데코 원목 생산 현장

거리가 멀지만 보다 풍부한 산림자원을 보유한 인도네시아가 새로운 대안으로 부상하게 되었다.

이 과정에서 한국 원목개발업체들은 단순히 수입선을 돌리는 것을 넘어 인도네시아에서 한국 정부나 기업이 직접 산림을 개발하는 직접투자 방식을 선택했다. 동남아시아의 원목 수출국들을 중심으로 산림 부문에서 자원민족주의가 태동하던 시기인 만큼 해외기업이 생산한 원목을 단순 수입하는 것보다는 우리 기업이 직접 개발하는 것이 원료의 안정적인 공급에 더 효율적이라는 목재산업계의 요구가 있었기 때문이다. 이러한 상황에서 한국 정부는 1968년 외국환 관리규정에 '대외투자'라는 장을 신설했으며, 자원개발, 원자재 확보, 수출 촉진 등의 부문에서 제한적이지만 해외투자가 시작될 수 있었다.

1965년 9월 30일 발발한 공산 쿠데타를 진압하면서 권력을 잡은 수하르토 대통령은 정치·사회적 혼란을 극복하고 경제개발을 위한 재원 마련을 위해 산업화 정책에 박차를 가했다. 산업화의 발판으로 인도네시아 최대 자원인 광물과 원유, 산림 등 부문의 개발 계획이 입안되기 시작했다. 당시 수하르토는 정권 수립에 기여한 측근들에게 삼림사업권(HPH)을 분배했다. 자금과 기술력이 없던 그들은 외국의 자본과 기술을 도입하여 산림을 개발하고자 각종 법규정을 제정한다.

한국 기업들도 이러한 흐름에 힘입어 인도네시아의 산림개발 산업에 착수하게 되었다. 당시 궁핍한 국가경제 상황에서 코데코가 1968년 2월 최초로 한국 정부로부터 미화 300만 달러에 달하는 1차 해외투자 허가를 받아 남부칼리만탄주 바뚜리찐 지역에 27만 헥타르의 임지를 단독투자 형태로 확보해 개발에 착수하면서 인도네시아 삼림개발의 선두 주자가 되었다. 이어 1969년 인니동화가 동부칼리만탄주 발릭파판에 12만 헥타르, 1970년 경남교역이 동부칼리만탄주 따라깐에 20만 헥타르, 1973년에는 한니흥업이 중부칼리만탄주 라만다우 강 유역에 11.5만 헥타르, 1976년 말에는 아주임업이 서부칼리만탄주 멀라위 강 유역에 11.5만 헥타르의 천연림 개발에 착수하면서 한국기업에 의한 인도네시아 산림개발이 절정에 달했다. 한국 기업들이 개발한 임지에서 생산한 원목은 대부분 한국, 일본, 대만 등지로 수출되었고, 한국은 안정된 원자재 공급을 발판으로 1970년대 세계 합판산업의 선두 국가의 지위에 오를 수 있었다.

인도네시아 정부가 1980년부터 원목 수출을 단계적으로 제한하고 가공품을 수출하도록 규제했다. 1985년 원목 수출을 전면 금지하자, 합판공장을 짓지 못했던 원목개발업체는 도산하거나 다른 업종으로 전환할 수밖에 없었다. 원목 수출금지 조치 이후, 기존의 한국계 원목개발 회사들 가운데 합판공장을 소유한 코린도와 코데코 정도의 기업들만이 원목개발 사업을 지속할 수 있었다. 이같이 인도네시아 정부가 자국의 합판산업을 육성 발전시킴에 따라 인도네시아의 합판 생산량과 수출량은 꾸준히 늘이니 마침내 1990년 중반에 한국, 말레이시아, 필리핀 등 경쟁국가들을 순차적으로 따돌리고 합판수출 1위의 자리에 올랐다.

◆ 조림산업과 산림협력

2019년 기준 코린도그룹 합판사업부에서는 지속가능한 인공림 경영을 통해 생산된 양질의 원목으로 연간 50만 입방미터의 합판을 생산하고 있다. 이 중 98%를 세계 시장에 수출하는 글로벌 합판 메이커로 성장하여 한 해 수출실적 3억5천만 달러 규모로 인도네시아 전체 합판 생산량의 4분의 1에 해당한다.

코린도그룹 이외에도 한국 대기업들이 2000년대 이후 해외산림자원 개발에 활발하게 투자하면서 팜오일 분야에 대상홀딩스, 삼성물산, 삼탄, LG상사, JC케미칼, 포스코대우 등이 진출하였다. 한국임업진흥원은 중부자바주 스마랑에서 바이오매스 시범조림, 산림조합중앙회는 서부자바주와 칼리만탄에 속성수와 고무나무 조림사업을 진행하고 있다. 무림 P&P는 파푸아에서 펄프 생산용 조림 사업을 진행하고 있다.

한국과 인도네시아의 산림협력에는 한국 정부와 기관의 지원과 노력도 적지 않다. 1979년 한-인니 임업위원회 개최를 계기로 조림투자, 연구

코린도 조림지 전망대

협력, 산림개발, 산림보호, 인력개발 분야까지 확대 발전해왔으며, 2007년 한-인니 산림포럼 구성으로 양국의 산림협력은 한층 도약하게 되었다. 2005년 수마트라섬 북부를 휩쓴 쓰나미로 파괴된 해안 맹그로브숲을 복원하기 위한 한국국제협력단(KOICA)의 개발원조 사업을 선두로, 2006년에는 서부자바주 보고르 룸핀(Rumpin) 시역에 현대식 양묘장 조성사업을 시작했고, 2009년에는 롬복 섬에 소규모 산림전용·황폐화 방지와 산림탄소축적 증진활동(REDD+) 시범사업 등 기후변화 대응역량 강화사업을 추진했다.

정부 간 산림협력사업과 조림투자 기업에 대한 지원 등을 위해 한국 산림청과 인도네시아 산림부가 합의하여 2011년 인도네시아 산림부(현 환경산림부) 내에 한-인니산림센터를 설치하고 이탄지복원, 산불관리, 산림을 이용한 생태관광과 환경교육, 해외산림자원확보, 산림바이오에너지 생산, 기후변화 대응, 인재교류 사업 등 양국 협력 사업을 확대하고 있다.

◆ 인도네시아에 뿌리내린 한국건설

한국 건설기업이 인도네시아 시장에 뛰어든 지 어느덧 50년이 넘었다. 한국경제 발전을 견인해 온 우리 건설산업은 인도네시아 시장에 진출하기 앞서 대한민국 정부 수립과 한국전쟁 전후복구사업 과정, 베트남, 중동 건설시장 진출을 빼놓을 수 없다. 이 무렵 한국 건설산업은 잔뼈가 굵어져 현대건설, 대림산업, 동아건설, 삼부토건, 극동건설, 삼환기업 등 굴지의 건설업체들이 성장하기 시작했고, 이를 수행할 건설사를 체계적으로 육성하기 위한 건설업법(1958년)도 도입됐다.

1960년대는 '경제개발 5개년 계획'을 추진하면서 각종 개발사업이 대형화됐다. 이어 1960년대 후반에는 월남전 특수를 계기로 해외시장에

눈을 돌리기 시작했다. 현대건설이 1965년 태국의 파타니 나라티왓 고속도로 건설공사를 수주하면서 우리 건설업계가 해외진출에 첫발을 내디뎠다.

1970년대는 압축 성장을 견인하기 위해 연평균 10.8%가 넘는 국내 건설투자가 이뤄졌다. '제2차 경제개발 5개년 계획 기간'(1967 1971년)에는 사회기반시설(SOC)의 성장률이 무려 12.6%에 달했다. 또 '중동 붐'을 타고 해외진출이 본격화되기 시작했다. 하지만 과다 경쟁, 부실 수주 등 해외 경쟁력을 상실한 건설사들은 해외건설합리화 조치로 해외면허를 반납하기도 했다.

1970년대 '오일쇼크'라는 국가적 위기가 닥쳤을 때 한국 건설회사들은 중동 진출을 통해 '오일달러'를 벌어들여, 선진국에서 떠나는 제조업을 이어받아 육성해 경제 발전에 밑거름이 됐다. 해외 진출 초기에는 건설사업들이 적자를 내며 값비싼 수업료를 치렀다. 하지만 1975년 정부가 '해외건설촉진법'을 제정하고 국가적으로 지원하면서 서서히 성과를 내기 시작했다.

삼환기업이 1970년 자카르타 주택공사를 수주해 한국 건설회사 최초로 인도네시아에 진출했다. 이후 우리 건설업체의 진출이 이어졌다. 대림산업의 가스압축플랜트공사(1973), 현대건설의 자고라위고속도로(1973), 쌍용건설의 자카르타 하얏트호텔(1993), 발리 인터콘티넨탈호텔(1993), 자카르타증권거래소(1997), 현대건설의 바탐공항 확장(1997), 아마르타푸라 초고층아파트(1997), 안쫄바루해안지구매립공사(1999) 팔렘방수반가스처리시설(2002), 현대건설의 수카르노-하타국제공항 제3여객터미널(2015), 삼성물산의 자와사투파워(Jawa Satu Power, JSP)-복합화력발전 건설 프로젝트(2018), 현대엔지니어링의 '발릭파판 정유공장 고도화 프로젝

현대건설이 시행한 자고라위 고속도로 공사

트'(2019)를 수주하는 등 일일이 열거할 수 없을 정도로 많다.

인도네시아에서 우리 건설기업이 구슬땀을 흘리는 과정에서 겪은 애환은 적지 않다. 삼환기업은 1970년 6월에 시공에 들어간 미국 공병단이 발주한 63만3천 달러 규모의 자카르타 주택공사를 수주해 인도네시아 첫 발을 딛은 후 1980년 8월 수마트라 횡단고속도로 잠비(Jambi)~무아라붕오(Muara Bungo) 간 고속도로를 시공하였다.

1973년 2월에 자카르타에 지점을 설치한 현대건설은 자카르타와 보고르 지역을 잇는 자고라위(Jagorawi) 고속도로 건설을 1974년 초에 착공해 1979년 6월에 완공했다. 이 프로젝트에 총 공사비는 3,400만 달러가 투입되었으며, 악천후와 엄격한 감독하에서 공사를 진행해 상당한 액수의 적자를 감수해야 했다. 특히 우기에 공사가 지연되자, 천막을 치고 공사를 진행한 '천막공법'이라는 기발한 방법으로 완벽에 가까운 시공을 해 지금도 한국 건설업체뿐만 아니라 현지 한인들의 자부심으로 남아있다.

현대건설은 자고라위 고속도로 건설에서 높은 점수를 얻어 해외 플랜트 분야 첫 번째 공사인 세멘찌비농(Semen Cibinong, 1973~1978년) 시멘트공장, 두마이 정유공장(1982~1984년) 이외에도 발리공항과 바탐 공항 확장 공사 등 많은 실적을 남겼다. 북부수마트라 토바 호수 인근에 있는 레눈(Renun) 수력발전소 및 도수로 공사는 1995년에 3월에 시작해 2003년 3월에 완공 예정이었으나, 2005년 8월에 완공할 만큼 난공사였다. 당시 현장 관리책임자는 "터널 속은 물이 사방에서 쏟아져 나오고 먼지와 소음, 진동으로 지옥 그 자체였다"고 회고했다.

1973년 인도네시아에 진출한 대림산업은 1982년 2월 수마트라 리아우주 두마이 탄화수소공장을 수주한다. 이 프로젝트는 총 공사비가 10억 달러에 달했으며 한국인 인력 1,500여명이 투입된 대형 프로젝트였다. 이후 대림산업은 반뜬주 찔레곤 철강단지 내 냉연제철공장을 EPC(설계·조달·시공) 방식으로 수주했다. 이 공사는 1985년 5월에 착공해 1987년

그랜드 하얏트 자카르타. 쌍용건설이 시공

5월에 완공했다.

1979년에 자카르타지사를 설립한 쌍용건설은 이듬해 수마트라 횡단도로 건설공사를 수주했다. 해외 고급 건축 분야에서 명성을 쌓아온 쌍용건설은 그랜드 하얏트호텔 등 인도네시아에서도 굵직굵직한 랜드마크를 세운다. 그랜드 하얏트호텔은 쇼핑몰 플라자인도네시아를 포함하는 당시로서는 초호화 복합단지로 총공사비 1억2천만달러 규모였다. 이 호텔은 수하르토 대통령의 2남 밤방이 소유한 비만타라그룹이 발주한 프로젝트이다. 인도네시아 군부와 관계가 각별했던 쌍용건설은 자카르타증권거래소II, 발리 인터콘티넨털호텔, 자카르타 포시즌호텔(2016년 완공) 등을 완공했다.

국제실업은 1974년 2월 세계은행 산하 국제부흥개발은행(IBRD) 차관 자금을 재원으로 인도네시아 정부가 발주한 1,750만 달러 규모의 도로공사 국제입찰에서 도급계약을 수주했다. 북부술라웨시주 마나도(Manado)에서 아무랑(Amurang)을 잇는 연장 82㎞ 고속도로는 인도네시아 정부가 도서지역산업개발사업의 하나로 추진한 프로젝트이다. 국제실업은 호주와 일본 건설업체와 협력해 시방서를 준수한 양질의 시공으로 좋은 평가를 받아 다음 공사도 수주했다. 1977년 북부수마트라 아엑나울리(Aek Nalui)~따루뚱(Tarutung) 도로공사는 공사금액 1,950만 달러, 연장 129㎞ 규모의 프로젝트로 한국건설의 도로공사 시공 능력을 인정받았다. 국제실업은 인도네시아에서 2건의 대규모 공사를 시공했지만 1983년 서울 본사가 부도가 나면서 인도네시아에서 사업을 이어 나가지 못했다.

1980년에 진출한 한보종합건설은 자카르타~머락(Merak) 간 13.5㎞의 고속도로 공사를 1981년 3월에 착공해 1982년에 완공했다. 이어 자카르타 또망(Tomang)~그로골(Grogol) 도심고속도로 공사 등 대형토목공사를 진행하면서 시공 능력을 인정받았다. 1996년에는 자카르타 그로골 고가도로 인터체인지와 쫑까렝(Cengkareng) 톨게이트 진입로 공사 2건을 1,100만 달러에 인도네시아 정부와 수의계약을 했다. 이 공사 작업 중 상판이 무너지는 사고가 발생해 현지인 작업자가 희생되었다. 엎친 데 덮친 격으로 한보그룹의 한보종합건설은 주거래 은행인 제일은행의 지원 중지로 1997년에 부도를 맞고 역사의 뒤안길로 사라졌다.

◆ 인도네시아 건설시장의 기회와 도전

인도네시아는 동남아시아 지역에서 가장 큰 경제 및 건설 시장을 보유하고 있으며, 향후 5년간 5% 이상의 높은 경제성장이 전망되는 등 그 잠재력도 높은 것으로 평가되고 있다. 인도네시아에서 건설 부문은 최근 전체 국내총생산(GDP)의 10% 수준을 차지하고 있다. 2020년 건설 산업은 전체 GDP의 10.7%를 차지해 제조업(19.9%), 농림수산(13.7%), 도소매 무역(12.9%)에 이어 4위를 기록할 만큼 비중이 큰 산업이다.

글로벌 시장조사업체 IHS마킷, 글로벌데이터 등 해외 조사기관 자료에 따르면 2022년 인도네시아 건설시장 규모는 4,096억 달러로 한국 건설시장 규모의 2배 수준이다. 2026년까지 연평균 9.4% 성장할 것으로 예상된다.

우리 기업의 인도네시아 건설시장 진출도 활발하다. 한국해외건설협회에 따르면 우리 기업은 1970년 삼환기업이 주택공사를 수주하며 인도네시아에 처음 진출한 이래 2019년까지 총 186개 기업이 571건, 212.1억 달러 규모의 프로젝트를 수주하였다. 이는 전 세계 누적수주액 기준 10위, 아시아 지역 기준으로는 싱가포르 (431억 달러), 베트남(407억 달러), 인도 (222억 달러)에 이은 4위에 해당하며, 특히 2019년도에는 16.8%의 수주 비중을 차지하며 전 세계에게 가장 높은 수주액을 기록하기도 하였다. 공사 종류별 진출 현황을 보면 산업설비가 64.2%(98건, 136.3억 달러), 토목이 16.4%(113건, 34.7억 달러), 건축이 14.2%(108건, 30.1억 달러) 그리고 기타(전기, 통신, 용역)가 5.2%(252건, 11.0억 달러)로 산업설비 분야가 압도적으로 높은 비중을 차지하고 있다.

무엇보다 인도네시아 건설시장은 인도네시아판 네옴(NEOM) 프로젝트로 불리는 신수도 누산타라(Nusantara)를 주목할 수밖에 없다. 조코 위도도 정부는 2019년 8월 자바섬의 인구·경제 집중 현상과 환경문제 등을 해결하고 국토의 균형 발전을 도모하기 위해 수도 이전을 발표했다. 코로나19 팬데믹으로 수도 이전 사업의 진행이 지연되기도 했으나, 관련 법규정을 마련하고 2022년 3월 밤방 수산또노 신수도청장을 임명하면서 본격적으로 이전 사업을 진행하고 있다. 2045년 최종 완공을 목표로 추진 중인 신수도 누산타라의 면적은 25만6000헥타르로 자카르타보다 4배 더 넓다. 인도네시아는 신수도 사업을 통해 국내외 투자를 유치해 신성장동력을 확보하고, 동시에 탄소중립 정책 실현을 목표로 하고 있다.

인도네시아 신수도 이전 사업은 4단계로 이루어질 계획이다. △1단계(2020~2024년)는 법규정 마련, 주요 인프라 구축(주거단지, 전력, 수도, 도로), 공무원 이전(인구 20만명), 2024년 독립기념일 이전에 대통령궁 건립 완료 등이다. △2단계(2025~2035년)는 주요 경제 인프라 구축 완료, 중앙 행정부 구축 △3단계(2036~2045년)는 광역도시 구축 및 순환경제 시행을 위한 네트워크 마련 △4단계(2045년 이후)는 세계 10대 도시 진입(인구 190만명 이상), 탄소배출 제로 달성 및 100% 신재생에너지원 구축 등이다. 신수도는 '미래형 스마트 산림도시'(Future Smart Forest City)로 구축된다. 인도네시아 신수도청은 최근 '21세기 지속 가능한 스마트 열대우림 도시 콘셉트로 2045

년 탄소중립 도시가 될 것'이라고 발표했다.

　인도네시아의 신수도 이전 사업은 약 340억 달러가 소요되는 대규모 사업이다. 총 소요 자금 가운데 인도네시아 정부 예산은 약 20%가 투입되고, 나머지 80%는 민간 투자로 진행될 계획이다. 여기에서 민간 투자는 외국인 투자도 포함되며, 2045년까지 주요국과 협력을 확대하고 해외 투자를 유치해 새로운 경제 성장의 동력을 구축할 예정이다. 정부 예산은 토지개발, 도시계획, 산림 복구 등에 사용되며, 도로 상수도 주택 등 핵심 인프라는 민관합작으로 진행하고, 상업시설 등은 민간투자로 충당할 계획이다. 2023년 3월 인도네시아 정부는 '2023년 정부령 제12호 (Government Regulation No.12 of 2023)'를 통해 신수도 투자에 대한 인센티브를 발표했다. 인센티브는 법인세 및 개인소득세에 대한 세제 혜택과 외국인 근로자 거주 및 토지에 대한 혜택을 포함하고 있다.

　조코위 대통령의 주요 국정과제 중 하나는 신수도 이전 사업이다. 2014년에 임기를 시작한 조코위 대통령은 2024년 10월 임기가 끝난다. 차기 대통령에 따라 수도 이전이 탄력을 잃을 수 있다는 우려가 나오면서 해외 투자 유치에 난항을 겪었다. 하지만 2024년 2월 대선에서 조코위의 정책을 계승하겠다고 공약한 프라보워 수비안토 후보가 당선되면서 신수도 투자의 열기가 다시 뜨거워질 전망이다.

　코트라 자카르타무역관이 발표한 2023년 5월 보고서에서 인도네시아 정부가 아직 투자 시 토지 획득 방법에 대한 세부적인 준비가 되지 않아 어려움을 겪고 있다. 신수도 이전과 관련해 투자를 고려하고 있다면, 인도네시아 현지 사정상 일정과 세부 계획이 변할 수 있는 만큼 현지 동향에 대해 주목하고 면밀한 사전 검토가 선행돼야 한다고 조언했다.

[이슈] 한국기업, 인니산업구조 변화에 큰 역할

 ## 인도네시아 경제개발계획

2023년은 한국-인도네시아 수교 50주년이었다. 올해 2024년은 또다른 50년 즉 100년을 향한 첫걸음을 떼는 해이다. 1960년대 가장 세계에서 가난한 나라 중 하나였던 대한민국은 헌정 사상 처음으로 인도네시아에서 원목생산을 위해 코데코(KODECO, 당시 한국남방개발)를 통한 과감한 해외투자를 감행했다. 이후 50여년이 지난 현재 인도네시아에서 한국 기업은 인도네시아 산업구조와 지역 변화에 지대한 영향을 미쳐왔다.

코데코 투자 이후 코린도(KORINDO)를 비롯해 많은 한국 목재회사들이 현

조코 위도도 대통령이 송창근 회장과 KMK에서 생산한 신발을 살펴보고 있다.

지에 투자했다. 이 가운데 코린도는 현재까지 사업을 영위하고 있으며, 시대의 요구에 맞춰 사업을 다각화해왔다. 특히 코린도는 인도네시아 경제 성장에 발맞춰 성장해온 대표적인 한상기업으로 주목할 필요가 있다.

한국이 '제2차 경제개발 5개년 계획'을 진행하고 있을 때, 건국의 아버지라 불리는 수카르노 초대 대통령 이후 정권을 잡은 수하르토 대통령은 지속적인 경제 성장을 도모하기 위해 '장기 경제개발계획'을 수립하고, 1969년 4월 1일부터 "제1차 경제개발 5개년 계획"을 시작했다. 이 과정에서 인도네시아는 대내외 환경에 맞춰 기간마다 정책 목표를 수립하고 국가산업을 고도화해 왔다. 이러한 현지 정부의 경제개발계획에 맞춰 코린도그룹은 새로운 사업을 확장하며 사세를 키웠다.

인도네시아 '제1차 경제개발 5개년 계획'(Repelita I, 1969~1974년)에서 수하르토 정부는 사회간접자본 시설의 확충과 국내외 투자 촉진을 도모했고, 연평균 7%의 고도성장을 달성했다. 이 기간에 한국 기업들은 원목을 비롯한 원자재를 확보하기 위해 인도네시아에 투자하는 시기였다. 코데코와 코린도 등 한국 원목개발회사들의 투자가 몰렸고 한국 내 합판산업은 전성기를 구가했다. 당시 한국 기업은 칼리만탄과 수마트라 등 오지 밀림에서 과감하게 사업을 펼쳤다.

'제2차 경제개발 5개년 계획'(Repelita II, 1974~1979년)에서 수하르토 정부는 국민생활 수준 향상과 개발 성과의 공정분배 및 고용기회의 확대를 추진했다. 이를 위해 외자 봉쇄 조치, 합작투자 및 직접 투자 규제에 대한 우선 분야 설정, 신용 규제를 통한 토착 자본을 보호한다는 정책을 펼쳤고, 이 기간 연평균 6.8%의 성장을 달성했다. 수하르토 정부는 원목수출 규제정책을 진행함에 따라 코데코와 코린도는 현지에 합판공장을 설립했다. 또 한국의 건설사가 현지에서 고속도로와 플랜트 건설을 수주하는 등 현지 진출이 러시를 이루었으며 주로 자바섬 이외의 지역에서 사업을 펼치면서 주로 지역사회 발전에 기여했다.

앞서 10년 간 경제 기반을 다진 인도네시아는 '제3차 경제개발 5개년 계획'(Repelita III, 1979~1984년)에서 공업화 기반 확충을 추진했다. 자원개발을 강화하고 국토 균형 발전을 위해 이주정책을 강도 높게 진행했다. 이 기간 약 7.9%의 높은 경제 성장률을 실현한다. 1980년 코린도는 합판을 중동에 수출하기 시작했고 1983년 포르말린과 접착제 공장을 설립해 생산했다.

'제4차 경제개발 5개년 계획'(Repelita IV, 1984~1989년) 기간에 인도네시아 정부는 부의 균등분배, 경제 성장 활성화 및 국가 안보의 강화 등을 주요 정책 목표로 추진했다. 수하르토 정부는 실업률을 줄이기 위해 비(非)석유가스산업 부문 가운데 노동집약산업과 중소기업 육성에 중점을 뒀다. 또 기술을 필요로 하는 자본집약산업과 수출지향산업에 해외 투자를 권장했다. 이 기간 코린도는 제지공장과 스포츠화 제조업을 가동했다.

'제5차 경제개발 5개년 계획'(Repelita V, 1989~1994년) 기간에는 경제 발전 및 부의 균등 분배, 고도 경제성장, 건전하고 역동적인 국가 실현을 목표로 설정하고, 민간 주도의 성장을 권장했다. 이 기간 코린도는 금융사업부, 배터리 공장 설립, 컨테이너 생산 시작, 파푸아 원목 개발 등 개시한다. 또 우리나라 노동집약산업이 대거 인도네시아에 투자하고 LG전자와 삼성전자 및 초기 기술집약산업 등 다양한 제조업이 진출했다. 앞서 목재와 건설 산업에 진출한 한국 기업들이 주로 자바섬 이외의 지역에 위치해 있었다면, 이 기간에는 자카르타와 수도권 지역에 투자가 집중적으로 이루어졌다.

'제6차 경제개발 5개년 계획'(Repelita VI, 1994~1998년) 기간에는 인도네시아 정부는 제2차 장기경제개발계획을 위한 기반 조성 및 경제도약, 투자 촉진을 통한 산업 고도화를 꾀했다. 이 기간 전기·전자, 금속과 화학을 비롯해 자동차 산업 등 기술집약산업이 진출하지만 1997년 아시아 외환위기의 직격탄을 맞으면서 수하르토 정권이 붕괴해 차기 장기경제계발 계획은 중단되었다.

　인도네시아는 수하르토 정권 이후 민주화가 본격적으로 진행되는 개혁시대를 맞지만 극심한 혼란으로 정치·경제와 사회가 불안정한 시기가 이어졌다. 2004년 최초로 직접선거에 의해 선출된 수실로 밤방 유도요노 대통령 정부가 출범해 정국과 치안이 안정되고 대(對)중국 자원수출에 힘입어 연 평균 6%의 높은 경제 성장률을 기록했다. 이 시기에 한국과 인도네시아 관계의 새로운 전기가 마련되었다. 2006년 양국 관계는 '전략적 동반자 관계'로 발전한다. 유도요노 정부는 투자법을 크게 개정하고, 국내외 투자자에 대한 규제완화 정책 덕분에 투자가 크게 증가하면서 경제적 호황을 누렸다.

　또 이 기간에 한국 기업은 중화학공업, 유통, 금융, 법무법인, 정보통신기술(ICT), 방산 및 한류와 관련된 상품과 콘텐츠 산업 등 자본과 기술집약적 산업이 진출했다. 코린도그룹은 상용차와 윈드밀 생산 등 중공업 분야에 진출했다. 이 기간 인도네시아에서는 자카르타를 비롯한 수도권에 집중되어 있는 노동집약산업이 지역최저임금 인상 여파로 수도권 외곽 또는 중부자바 지역으로 이전함에 따라 우리 기업이 비수도권 지역의 산업 발전 및 고용창출에 기여했다.

　이후 양국은 2017년 '특별 전략적 동반자 관계'로 격상됐다. 코로나19 팬데믹으로 경기 침체가 장기화 조짐을 보이던 시기에 양국 정부는 '포괄적 경제동반자협정(CEPA)' 논의를 재개해 합의를 끌어냈다. 2023년 1월부터 발효된 한-인니 CEPA는 양국의 시장을 개방한다는 의미에서 '자유무역협정'인 FTA와 비슷한 협정이다. 하지만 CEPA는 상품과 서비스 교역, 투자 등 무역 확대에 무게를 둔 FTA에 비해 정부 간 경제 협력 및 인적·문화적 교류를 포괄한다는 점에서 더 큰 의미의 경제협정이다.

미국과 중국의 경쟁이 코로나19 사태 이후에 격화되고 있는 가운데, 글로벌 밸류체인(GVC, Global Value Chain, 가치사슬)이 재편되면서 탈중국 현상이 가속화하고 있다. 이러한 혼돈의 시대에 자원부국이며 잠재력이 큰 내수시장을 갖고 있는 인도네시아가 GVC의 지각변동의 수혜국으로 떠오르고 있다. 시의적절한 한-인니 CEPA 발효는 양국 간 경제협력이 한 단계 더 도약하는 계기가 될 것이다. 현대자동차, LG에너지솔루션, KCC글라스, 롯데케미칼 등 한국 첨단산업 대기업뿐만 아니라 인도네시아 신수도 건설사업, 제약·바이오 및 한류 관련 산업 부문에서도 인도네시아 투자가 이어지고 있다. 인도네시아도 2020년 11월 고용창출법(일명 옴니버스법)을 제정해 경직된 노동시장을 개혁하여 투자환경을 개선하는 등 외국인 투자자에게 문호를 활짝 열었다.

한국과 인도네시아가 경제협력에서 윈윈(win-win)하려면 인도네시아 정부가 추진하는 '메이킹 인도네시아 4.0'(Making Indonesia 4.0)에 대한 이해가 선행되어야 한다. 인도네시아는 제4차 산업혁명(4th Industrial Revolution) 실현을 위한 로드맵 '메이킹 인도네시아 4.0'을 진행하면서, 한국 등 제조업 선진국을 통한 기술 협력을 적극적으로 추진하고 있다. 특히, 제조업 분야에 스마트 팩토리 기술을 접목하기 위한 노력을 강화하고 있다. 최근 '메이킹 인도네시아 4.0'의 5대 육성산업에 대한 한국 기업의 대규모 투자가 늘어나는 등 인도네시아 정부 정책에 적극 협력하고 있다. 현대자동차, 포스코, LG에너지솔루션, 롯데케미칼 등 대규모 투자를 했거나 진행 중에 있다.

한국과 인도네시아는 상호 간 깊은 신뢰를 요구하는 방위산업 협력에도 긴밀하다. 방산협력은 양국 간 '특별 전략적 동반자 관계'를 강화하는 핵심 중의 핵심이라고 할 수 있다. 인도네시아는 육해공 모든 분야에서 우리의 무기체계를 사용하는 나라이다. 대우조선해양은 지난 2011년 인도네시아 국방부로부터 수주한 1,400톤급 잠수함 3척을 순차적으로 건조했다. 또한 양국은 다목적 전투기(KF-21)를 공동개발하고 있다. 최근 KF-21 분담금 연체와 인도네시아 기술자의 기술 유출 시도 문제로 술렁거리고 있다. 2024년 인도네시아 새 정부 출범과 함께 미해결된 사항이 원만히 해결돼 양국 방위산업 협력이 더욱 확대되기를 기대한다.

[기업인] 한국-인도네시아 경제발전에 기여한 기업인

 ## 최계월
코데코(KODECO) 회장, 해외자원개발의 선구자

'조국의 영광, 양국의 우호, 회사의 번영'은 한국남방개발㈜(KODECO/코데코)의 사훈이다. 매우 독특한 사훈에는 코데코 창업자 최계월 회장의 경영 철학이 고스란히 담겨 있다. 일제의 수탈과 한국전쟁에 폐허가 된 조국이 영광을 되찾고, 한국과 인도네시아 양국 간 우호 관계를 통해 회사의 번영을 이루겠다는 최 회장의 소망을 사훈에 담았을 것으로 그를 아는 사람들은 짐작할 수 있다.

제1대 거류민회장 최계월

평생 해외자원개발에 매진해 온 최계월 회장은 2015년 11월 향년 96세로 일본에서 별세했다. 최 회장의 삶은 애국, 대승적 기업관, 글로벌 기업가정신, 한·인니 민간외교 선구자, 인도네시아 한인사회 초석이라는 키워드로 요약할 수 있다.

1953년 전쟁이 끝난 뒤 한국은 세계에서 가장 가난한 나라 가운데 하나였다. 경제개발 5개년 계획을 세워 잘살아 보겠다는 용기를 낼 무렵인 1963년 최 회장은 한국남방개발을 설립해 우여곡절 끝에 1968년에 대한민국 최초 해외투자 기업으로 만들었다. 당시 대한민국 정부 전체 외화보유액이 5천만 달러에 불과할 때, 코데코는 외환보유고의 10% 규모인 450만 달러를 빌려 인도네시아에서 산림개발에 투자했다. 사업은 대성공을 거뒀고 남부 칼리만탄주 바뚜리친(Batulicin) 지역 27만ha를 개발해 한국 산업 개발과 더불어 현지 지역사회 발전에 기여했다. 지금도 현지 간선도로의 이름이 '잘란 라야 코데코'(Jalan Raya Kodeco)이다.

일본 와세다대학 법학과를 나온 최 회장은 183㎝의 우람한 체구와 선이 굵은 얼굴에 운동으로 다져진 강인한 신체, 보스 기질과 배짱, 유머 감각 등을 두루 갖춘 지도자였다. 그는 박정희 대통령부터 인도네시아 수카르노 대통령, 수하르토 대통령 등 정관계 고위급 인사들과 교분을 쌓았다. 인도네시아 개발 초기인 1968년에 대한민국 해병대 상륙사단 출신 부사관 120명과 함께 맹수와 독충이 우글거리는 원시 정글에 들어가 원목개발을 했다. 임상조사와 위급환자 후송 등 목적으로 1969년 한국인 최초로 경비행기를 구매하는 등 수많은 일화를 남길 만큼 생각과 행동이 보통 사람의 상상을 뛰어넘었다.

최 회장은 개인의 이익보다 국가의 이익을 먼저 생각했던 애국자이다. 동서냉전기인 1964년 북한은 인도네시아와 대사급 외교관계를 수립할 정도로 대한민국을 압도했고, 1960년대 초 인도네시아는 한국 친선방문단을 거부할 만큼 우리와의 관계 구축에 부담을 느끼고 있었다. 그런데도 최 회장은 1962년 2월 도쿄에서 당시 김종필 중앙정보부장과 수카르노 대통령 간 만남을 주선해 막혔던 한-인니 외교의 물꼬를 트는 데 크게 기여했다.

앞서 1960년대 초 이리안자야(서파푸아) 지도자들은 인도네시아에서 분리독립하기로 결정하고, 일본 정부의 협력을 구하기 위해 일본을 방문했다. 일본 정부는 최 회장에게 그들을 맞이하게 했고, 최 회장은 이리안자야가 네덜란드가 아니라 인도네시아에 귀속하는 결정을 내리도록 그들을 설득했다. 이를 고맙게 여긴 수카르노 대통령은 1962년 최 회장을 인도네시아에 특별 초청했고, 최 회장의 산림개발 사업을 적극 지원하겠다고 약속했다.

코데코는 대한민국 1호 해외투자에 이어 1981년 '해외 유전 개발 제1호'라는 새 역사도 썼다. 1970년대 두 차례의 중동발 오일쇼크로 한국 경제가 어려움에 직면했을 때, 미국과 일본 등 선진국도 원유 확보와 새로운 유전 개발 경쟁이 치열한 상황에서 최 회장은 수하르토 대통령의 최측근인 베니 무르다니 장군의 인맥을 활용해 서부 마두라 광구 유전개발 사업을 성사시켰다. 베니 장군은 1969~1973년 기간에 주한 총영사로 근무했던 지한파이다.

앞서 최 회장은 1970년대 석유파동 때 수하르토 대통령에게 부탁해 인도네시아에서 일본으로 가던 유조선 뱃머리를 돌려 한국에 공급하기도 했다. 하지만, 1981년 한국인 최초로 해외 유전개발 사업에 뛰어든 서부 마두라 해상 유전에서 2000년대 중반까지 수익이 나지 않아 경제적으로 큰 어려움을 겪었고, 이에 따라 코데코의 사세가 많이 기울었다.

초대 재인도네시아 한인회장을 맡은 최계월 회장은 교육사업에도 관심이 많았다. 인도네시아에서 유치원, 학교 등을 지어주는 등 현지사회에 많은 기여를 했다. 또 우리 기업 진출 초창기인 1976년 자카르타에 한국학교 설립(현 자카르타한국국제학교, JIKS)을 위해 거금 13만 달러를 쾌척했다. 최 회장의 유전 사업을 이어받은 아들인 정필립 코데코에너지 대표는 2020년 1월 아버지의 뜻을 이어받아 거액의 장학금을 JIKS에 기부하고, 교내 나래홀 강당 앞에 최계월 회장 흉상을 설치했다.

최 회장은 국내에서는 사업을 하지 않는다는 원칙을 갖고 있었다. "무조건 밖으로 나가라. 안에 없는 것이 그곳에 있다. 나가면 산다"라는 확고한 신념이 있었다. 인도네시아에 진출한 이후 해외자원개발에 매진해 온 고인 삶의 궤적을 잘 설명해 주는 말이다. 한-인니 관계가 지금과 같이 뿌리 깊게 발전할 수 있었던 데에는 최 회장의 기여가 적지 않다.

2장

성장기
: 제조업 중심의 한국기업 투자 급증

1988~1992년 기간에 한국 기업의 대인도네시아 투자가 급격한 증가 추세를 보이기 시작했다. 특히 섬유, 봉제, 신발, 완구 등 노동집약산업을 중심으로 인도네시아의 저임금, 풍부한 자원 및 적극적인 외국인 투자 유치 정책에 힘입어 한국기업의 현지 투자가 급증했다. 이는 이중과세방지협정(1988년 11월), 투자보장협정(1991년 2월) 등을 통한 체계적인 제도 구축에도 힘입은 바 크다. 1990년대 초반에 자본집약산업인 전자산업과 바이오산업의 진출이 시작되어 오늘날 LG전자, 삼성전자, CJ 등과 같은 투자성공 사례를 낳는 기반을 마련하게 된다.

1980년대 후반 봉제와 신발 등 노동집약적 한국 기업이 동남아 국가를 투자 대상으로 주목한 이유는 원화의 절상, 임금 상승, 노사분규, 선진국과의 통상마찰 등 국내외적 경영 여건의 나빠졌기 때문이다. 당시 동남아 국가 가운데 인도네시아는 노동력이 풍부하고 비교적 임금이 낮았을 뿐 아니라, 일반특혜관세제도(GSP) 수혜를 받고 있었던 만큼 한국의 노동집약적 산업의 투자가 몰렸다.

하지만 영세한 자본의 중소기업이 다수 진출하면서 현지 언어와 문화의 이해 부족과 장시간 노동, 미숙한 인력관리 등으로 현지 사회와 갈등을 빚었다. 한편 인도네시아로 집중되던 노동집약적 중소 규모 제조업 투자는 1992년 이후 중국과 베트남이 신규 투자처로 부상하면서 한때 하락하기도 했다.

1990년 초부터는 노동집약적인 산업에서 점차 자본집약산업의 투자가 이루어졌다. 도자기 생산공장인 한국세라믹(한국도자기)과 피아노와 악기 제조회사인 삼익인도네시아(삼익악기)가 각각 설립됐다. 이어 LG전자, 삼성전자, CJ 등과 같은 전자와 바이오 산업이 진출해 수출뿐만 아니라 내수시장에서도 성공적으로 안착했다.

1993년 이후 인도네시아의 최저임금 인상률이 급등하자, 해외투자 자본의 성격도 좀더 자본집약적 산업으로 전환됐다. 1990년대 중반 이후 석유화학, 조립금속 등 '중간기술 제조업'과 철강, 자동차 등 기간산업 분야와 플랜트 건설 및 사회간접자본시설 확충 부문에도 대거 참여했다.

인도네시아 최초 한국계 신발회사 코린도그룹의 이글사

다양한 산업의 진출과 더불어 현지 한국계 기업을 주로 겨냥한 손해보험 서비스를 목적으로 1996년 삼성화재(현지법인명 PT Asuransi Samsung Tugu)가 현지법인을 설립했다. 이어 1997년 KB손해보험(KB Insurance)과 1998년 메리츠화재(Meritz Korindo Insurance) 등이 각각 진출했다.

1990년대 들어 수출 호조로 인도네시아 경제는 내수도 증가하고 주식시장과 부동산 부문 모두 활황을 보였다. 하지만 경기 과열에 따른 물가 상승과 부동산 시장 등의 거품이 발생했고, 대규모 무역수지 적자를 겪으면서 경상수지 적자를 면치못했다. 인도네시아는 경상수지 적자로 외채가 증가했지만 정확한 외채 규모를 파악할 수 없을 정도로 금융과 자본시장에 대한 관리감독이 소홀했다. 경상수지 적자가 증가한다는 것은 자국의 통화가 고평가되어 있다는 것을 의미했지만 정책 당국은 조정을 주저했다. 결국 인도네시아는 외환위기를 맞으며 1997년 10월 국제통화기금(IMF)의 경제구조조정계획 절차를 밟게 됐다.

한국과 인도네시아에서 동시에 발생한 외환위기로 현지 한국계 기업들은 위기를 맞는다. 1997년 경제 위기와 1998년 이후 민주화 과정의 정치사회적 불안정은 한인 사회 존속을 일시적으로 위협했다. 특히 1998년 5월 폭동 때는 5천여 명의 한인들이 비상 탈출해야 하는 위기를 맞기도 했다. 하지만 가족을 귀국시킨 뒤에도 많은 한국계 기업의 임직원들이 현지에서 근무하면서 인도네시아 직원들과 함께 회사를 정상적으로 가동했다. 이때부터 인도네시아 관리들이나 현지인들은 한국에 대해 어려울 때 도와준 진정한 친구라고 여긴다.

◈ 25만명 고용 창출한 한국 신발업체

신발산업 가운데 스포츠화의 경우 1970년대는 일본, 1980년대는 한

국, 1990년대 이후에는 인도네시아와 베트남 등 동남아시아 국가와 중국이 전 세계 생산기지 역할을 맡고 있다. 1980년대 후반기 이후 한국 사회의 민주화에 따른 노동쟁의 증가, 가파른 원화 절상 및 임금 상승에 따른 제조비용 상승으로 채산성이 급격하게 악화하면서 국내 노동집약적 중소기업들이 해외진출을 모색하게 됐고, 대상지로 동남아와 중국이 부상했다.

당시 한국과 대만의 신발제조업체들이 대거 동남아와 중국 등지로 생산기지를 이전한 배경에는 나이키, 리복, 아디다스 등 글로벌 브랜드의 빅바이어들이자 브랜드 마케팅 기업들이 개발도상국인 동남아와 중국 등지로 글로벌 밸류체인을 재편했기 때문이다. 인도네시아는 1990년 전후 한국의 중소자본이 가장 선호한 투자대상국으로, 짧은 기간 동안 노동집약산업을 중심으로 '처음이자 집중적인' 투자가 이루어졌다.

1980년대 후반 당시 한국은 중국·베트남과 수교 이전 시기였던 만큼 부산에 밀집되었던 신발제조업체들이 이전을 고려한 국가는 태국과 인도네시아였다. 앞서 인도네시아에는 1960년대 후반부터 원목개발과 합판제조, 종합상사, 건설 등 한국 기업들이 이미 현지에 진출해 있었던 터라 인도네시아에 직접투자는 진출에 따른 초기 비용을 줄일 수 있다는 게 큰 장점으로 작용했다. 특히, 인도네시아에서 한국계 신발제조업체로서 첫 투자회사인 코린도그룹의 신발사업부 가루다 인다와(PT. Garuda Indawa, 일명 이글)가 1980년 중반기에 가동을 시작해 자리매김을 하고 있었던 만큼 해외투자에 경험이 없었던 한국 신발업체들은 가루다 인다와의 선례를 공유할 수 있었다.

한국계 신발제조업의 인도네시아 진출은 1985년 가루다 인다와가 첫 테이프를 끊은 이후, 1980년대 말에서 1990년대 초까지 성화(Sung Hwa Dunia), 프라타마(Pratama Abadi Industri), 동양(Tongyang Indonesia), 동조(Dong Joe Indonesia), 태화(Tae Hwa Indonesia), 스타윈(Starwin Indonesia), 도손(Doson Indonesia), 코리네시아(Korinesia) 금강제화 등이 대규모 생산설비를 갖추고 주문자상표 생산방식(OEM)의 체제를 구축했다. 초창기 진출한 신발기업들은 동양을 제외하고 모두 자카르타 외곽 땅그랑 지역에 공장을 세웠다.

1992년 한국이 중국·베트남과 수교하면서 두 나라는 한국의 주요 투자지로 부상했다. 이를 계기로 글로벌 신발산업에 지각변동이 일어났고, 인도네시아 신발업계가 어려움에 직면한다. 엎친 데 덮친 격으로 1993년 이후 인도네시아 최저임금 인상율이 연간 10%를 상회함에 따라 인도네시아에서 생산비 절감 효과가 낮아진 동시에 한국에서 더 가까운 중국과 베트남이 대안 생산기지로 부상했다. 하지만 2008년 베이징 하계올림픽을 계기로 중국의 생산원가가 급속도로 인상되면서 중국에 진출했던 한국계 기업 중 일부는 한국으로 U-턴하거나 인도네시아로 재이전하기도 했다.

인도네시아에서 한국계 신발제조 투자기업들은 1980년대 중반 이후 반뜬주 땅그랑을 중심으로 클러스터를 형성했다. 이에 따라, 땅그랑은 수도권의 대표적인 한인 집중 거주지로 부상했고, 신발회사 직원들의 소비는 땅그랑 지역경제에 활력을 불어넣었다. 하지만 1990년대 중반 이후 중국과 베트남이 새로운 생산기지로 부상하였고, 2000년대 초반까지 이어진 인도네시아 정치·경제와 사회적 혼란 상황에서 과거 경영관행에 익숙했던 대부분 한국계 신발기업은 경영 악화에 직면한다. 이에 인도네시아 신발 투자기업 1세대로 분류될 수 있는 성회, 가루다 인다와, 동조, 스타윈, 코리네시아, 태화 등이 2005년을 전후하여 폐업 절차를 밟는다.

인도네시아 진출 초창기 한국 신발기업들은 반뜬주 땅그랑 지역을 중심으로 한국식 대량생산 제조라인 설비를 갖추고 OEM 방식의 유명 브랜드 주문을 유치할 수 있었다. 하지만 현지에서 직접 경영방식을 채택한 우리 신발기업은 해외투자 경험이 없었고 현지 문화에 대한 이해 부족으로 노동자와의 갈등과 마찰을 빚어 적지 않은 사회문제로 부각되기도 했고, 이는 한국기업의 해외투자와 인도네시아 진출에 큰 교훈이 됐다.

1998년 아시아 외환위기 이후 침체된 신발산업이 2005년 파크랜드(PT

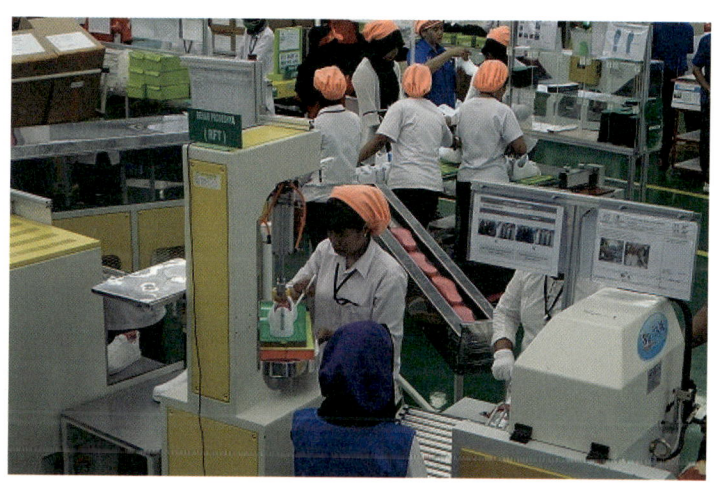

파크랜드 즈빠라 공장. 수도권 지역 최저임금 상승에 따라 외곽지역 또는 중부자바로 생산 시설 이전

Parkland World Indonesia)의 풍원제화 인수를 계기로 다시 활기를 되찾기 시작했다. 이어 창신(Chang Shin Indonesia)과 태광(Taekwang Industrial Indonesia) 등 대규모 한국 신발기업의 투자가 이어지면서 신발업계가 제2의 도약기를 맞는다.

2004년 수실로 밤방 유도요노 대통령 집권 후 인도네시아 정치와 사회가 안정되고 대외 여건이 변화하면서 제조업이 회복하기 시작했고, 재인니한인상공회의소(KOCHAM)와 재인니한인신발산업협의회(KOFA)를 중심으로 다시 반등의 기회를 마련했다. 최근 자바섬 내 최저임금 차별화의 이점과 조코 위도도 정부(2014~현재)의 국토 균형 발전 정책에 부응하여 한국 신발기업은 중부자바 주도 스마랑 주변의 즈빠라 지역과 살라띠가, 브레베스 등지에 대규모 생산기지를 조성했다. 2016년 이후 한국계 신발업체의 인도네시아 내 이전(반뜬주에서 중부 자바주 또는 수도권에서 수방과 가룻 등 서부 자바주 외곽지역)이 가속화됐으며, 화승, 파크랜드, KMK, 프라타마, 창신, 태광 등 대기업들이 이러한 대이동을 주도하고 있다. 아울러 인도네시아 내 한국계 신발업체는 노동집약적인 산업에서 생산시스템을 자동화하는 자본집약적 산업으로 전환하고 있다.

2020년 현재 KOFA는 신발제조회사 20여개와 자재 및 임가공 회사 180여개 등 총 200여개 회원사가 참여하고 있다. 회원사는 한국인 근로자 2천여명과 현지인 근로자 25만여명을 고용해 나이키, 아디다스, 뉴발란스, 아식스 등 글로벌 브랜드 제품을 연간 1억3,200만 켤레, 총 35억 달러 매출액을 기록해 인도네시아 수출실적에 크게 기여하고 있다.

◈ 인도네시아 봉제수출 70% 한국 봉제업체

1970~1980년대 한국 산업화를 이끈 효자였던 섬유·봉제산업은 제조

업의 근간으로 오늘날 한국이 세계 10위권 경제대국으로 성장하는 데 밑거름이 되었다. 노동집약산업으로 대표되는 이들 산업은 1980년대 말부터 생산기지를 동남아로 이전하면서 한국에서 쇠락하기 시작했다. 국내에서 신발산업과 비슷한 시기에 성장과 쇠락의 궤를 같이 한 봉제산업 역시 1980년대 후반기 한국의 정치와 경제, 사회 등 민주화에 따른 노동쟁의 증가, 가파른 원화 절상 및 임금 상승에 따른 제조비용 상승으로 채산성이 급격하게 악화하면서 한국 중소기업들이 해외진출을 모색하게 됐고, 대상지로 풍부한 노동력과 저렴한 인건비의 조건을 갖춘 동남아국가 가운데 인도네시아를 선택했다.

인도네시아는 세계 10대 섬유 제조 국가이며 섬유·봉제산업은 인도네시아에서 가장 오래된 산업 가운데 하나다. 인도네시아 정부는 1980년대 후반에 높은 고용 창출로 노동시장을 이끄는 섬유·봉제산업을 대표 수출산업으로 육성하기 위해 외국인 투자를 적극 유치했다. 때마침 한국 봉제기업들도 해외 생산기지 이전을 모색하고 있던 터라 인도네시아 투자는 시의적절했다.

재인도네시아 한국봉제협회(이하 KOGA) 이완주 전 회장은 "1988년부터 한국 봉제업체들은 주로 종합상사를 중심으로 인도네시아에 먼저 진출했는데, 이는 앞서 종합상사들이 목재와 무역 등 다양한 사업을 인도네시아에서 펼치면서 현지에 대한 정보와 경험을 갖고 있었다. 이런 이유로 동남아국가 가운데 인도네시아를 투자지로 낙점했다"라고 설명했다.

한세실업 인도네시아 공장

인도네시아 한인사회도 큰 변화를 맞는다. 1980년대 후반기 한국 신발·봉제 기업들이 인도네시아로 대거 생산기지를 이전하자, 현지 한인 수가 1980년대 중반기 1,500명 정도에서 1990년대 초에는 1만명으로 크게 증가한다. 1990년 전후로 인도네시아 한인공동체는 양적으로 팽창해 큰 변혁기를 맞으면서 인도네시아 경제와 사회에 적지 않은 파장을 일으킨다. 대규모 생산 및 관리 인력이 처음 해외에 파견되었지만, 사전에 현지 언어와 문화에 대한 이해가 전혀 없었고, 작업공정에 대한 인도네시아어 표준설명서가 없어서 현지 직원과 갈등과 마찰을 빚어, 빈번하게 한국기업의 어두운 면이 현지 언론에 보도됐다.

인도네시아에 초창기 진출한 한국 봉제기업은 코오롱상사가 투자한 코오롱랑긍(Kolon Langgeng)으로 1987년에 설립해 1988년부터 본격 생산을 시작했다. 코오롱랑긍 이후 진출한 서광인도네시아와 캄파리인도네시아, 다다인도네시아 등 업체들은 당시 자카르타에서 유일한 산업공단인 뿔로가둥(Pulogadung) 산업공단에 둥지를 틀었다. 이후 한국계 봉제업체의 투자가 속속 이어지면서 북부 자카르타 딴중쁘리옥 항구 인근 짜꿍 지역에 있는 보세구역인 KBN(Kawasan Berikat Nusantara)과 자카르타 인근 브까시와 땅그랑, 보고르 지역으로 확대했다.

1992년 한국이 중국과 베트남과 수교하면서 두 나라는 한국의 주요 투자지로 부상했다. 신발업계와 마찬가지로 신흥 투자지인 중국과 베트남으로 일부 수출 오더(주문)가 이전하면서 인도네시아 봉제업계가 어려움에 직면한다. 엎친 데 덮친 격으로 1993년 이후 인도네시아 최저임금 인상율이 연간 10%를 상회함에 따라 인도네시아에서 생산비 절감 효과가 낮아진 동시에 물류비용이 더 저렴한 중국과 베트남으로 일부 오더가 이전함에 따라 상황은 더 나빠졌다.

1997년 태국발 외환위기가 아시아를 강타한 이후, 인도네시아는 1998년 5월 사태와 외환위기로 정치와 치안이 불안하고 경제가 나락으로 떨어졌다. 당시 많은 외국계 기업들이 인도네시아에서 철수했음에도 한국계 기업들은 꿋꿋이 남아, 위험과 어려움을 견디고 숨을 고르며 재기의 기회를 노렸다. 이와 관련해 봉제업체 BPG(Busana Prima Global)를 운영하고 있는 박재한 한인회장은 "당시 한국계 업체들이 어려움을 무릅쓰고 공장을 가동한 것은 여러 가지 이유가 있겠지만, 바이어와의 약속을 이행하고 납기를 지키는 게 무엇보다 중요했다"고 회고했다. 실제로 인도네시아의 어려운 시기를 극복한 봉제업체를 비롯한 한국계 기업들은 더욱 성장할 수 있었다.

1990년 중반기부터 미국 바이어들이 수입선을 중국, 베트남 등지로 옮기면서 일부 한국계 봉제업체들은 어려움을 겪었다. 이어 2001년 9·11 테러 이후 일부 미국 바이어들이 인도네시아를 이탈하면서 상황이 더욱 악화됐다. 인도네시아가 전 세계에서 가장 많은 이슬람교도를 둔 국가라는 게 이유였다.

한국 섬유·봉제업체가 겨울을 지나 봄을 맞게 되었다. 2005년 1월 1일부터 WTO(세계무역기구)의 섬유협정에 의한 섬유 수입쿼터가 전면 해제된 후, 중국과 인도네시아 등 개도국은 미국과 EU(유럽연합) 수출에 경쟁력을 되찾게 됐다. 더욱이 2008년 베이징 하계올림픽 이후 중국의 생산원가가 급속도로 인상되면서 일부 중국 수출주문이 인도네시아로 되돌아왔다.

이 무렵인 2000년도 중반 수출 주문이 인도네시아로 몰리면서 세아상역과 한솔섬유, 한세실업 등 한국의 대규모 및 중견 의류 수출업체들이 대거 진출해 단위 공장당 50개 라인 규모의 대형 봉제공장 신설이 러시를 이루며 업계가 호황을 누렸다. 특히, 세아상역은 2011년부터 2015년까지

패브릭 밀(Fabric Mill)을 단계적으로 완공해 본격적으로 원단 생산을 가동함에 따라 편직-염색-봉제로 이어지는 일관 생산체제를 갖추게 됐다.

2000년 이후 개혁시대를 맞은 인도네시아에서는 민주화운동이 활발하게 진행되고, 높은 경제 성장률을 보이면서 복수노조를 전면적으로 허용해 노동계 활동이 활발해졌다. 노동계는 경제 성장에 걸맞는 임금 인상을 요구하였고, 심지어 집단위협시위(일명 스위핑)가 공단을 중심으로 벌어져 제조업체를 크게 위협했다. 2002년과 2013년 각각 40%가량 높은 최저임금 인상 등 지속적인 임금 상승으로 봉제업계는 위기를 맞는다. 채산성이 악화되자 한국계 봉제업체들은 저렴한 임금을 찾아 서부자바주 외곽 지역인 수까부미와 중부자바주 주도 스마랑 주변 지역으로 속속히 공장을 이전하며 자구책을 마련하고 있다.

1980년대 후반부터 한국은 인도네시아 섬유·봉제산업에 꾸준히 투자했으며, 특히 2013년부터 2017년까지 5년 간 대인도네시아 외국인 누적 투자 건수에서 한국 진출 기업이 가장 많고, 투자금액 기준으로 2위를 차지했다.

2019년 기준 KOGA 총 회원사는 286개 업체로 지난 2007년 227개 업체에 비해 25%가량 증가했다. 인도네시아 섬유·봉제 산업의 공식 고용 인구는 약 150만 명 이상이며, 한국계 섬유·봉제 업계의 고용 인구는 60만 명 정도로 고용면에서도 큰 기여를 하고 있다. 2018년 기준 인도네시아 전체 섬유·봉제 수출실적은 130억 달러이며, 이 중 30%가 한국계 업체가 담당한다. 봉제 부문만 본다면, 인도네시아 봉제 수출의 70%를 차지할 정도로 인도네시아 수출에 기여도가 매우 높다.

한국뿐만 아니라 현지 한인사회에서도 봉제산업은 전망이 없다는 부정적인 인식이 많아서 한국 젊은 층의 신규 인력 유입이 거의 없는 상태에서 과거 봉제산업의 성장을 일군 고령화된 봉제 장인들이 버티고 있다. 인도네시아에서 봉제기업을 경영하고 있는 이완주 전 KOGA 회장은 "과거에 봉제는 기술이 중요했으나, 이제는 자동화 기계 도입으로 경영이 무엇보다 중요해졌다"며, 인도네시아인 봉제 장인 양성을 강조했다.

뮤효거 전 KOGA 회장은 "1990년 전후로 한국 봉제업계가 인도네시아에 처음 진출해 생산성이 기대에 못 미쳐 많은 어려움을 겪었다"며 "이제는 한인기업에 근무하고 있는 인도네시아 직원들은 숙련됐을 뿐만 아니라 책임감과 리더십을 갖춘 지도자급 인재로 성장해 각 회사에서 중추적인 역할을 하고 있다"고 말했다.

2억 8천만 인구와 평균연령 29세의 젊은 인구구조를 갖고 있는 인도네시아는 경제성장과 인구 증가 속도에 맞물려 의류제품에 대한 수요가 연간 5~10%가량 성장하고 있다. 특히 젊은 층은 외모에 관심이 많은 만큼 패션의류 시장이 크게 성장할 것으로 기대된다. 한국 봉제·섬유업체가 진출한 지 30년이 넘었다. 이제 한국계 기업들이 수출시장에서 더 나아가 인도네시아 내수시장을 주목할 시기다.

◆ 중부자바와 족자에 자리잡은 가발과 골프장갑 제조업

한국가발협회에 따르면 한국계 기업 제품이 전 세계 유통 중인 가발의 60% 정도를 차지하는 것으로 추산되며, 세계 가발시장의 80% 이상을 차지하는 미국시장에서 한인업체가 가발 유통의 80% 이상을 점유하고 있다.

가발제조업체 성창의 견본들

골프장갑 제조업체

인도네시아 가발제조업도 한국 기업들이 주도하고 있다. 가발산업은 과거 1960~1970년대 한국의 주력 수출상품이었지만 이후 인건비 상승과 후발 개도국과의 가격 경쟁 등으로 침체됐다. 이에 한국에서 가발산업에 종사하던 인력들이 기술과 자본을 가지고 중국과 인도네시아 등지로 이주해 지금까지 이어지고 있다.

세계적으로 탈모로 인한 가발 수요가 증가하고 있고, 한국에서도 미용 목적의 가발 시장이 커지고 있다. 최근 가발에 대한 인식이 바뀌었다. 예전에는 단순히 탈모를 가리는 제품이었지만 최근에는 언제나 손쉽게 사용할 수 있는 미용제품이라는 인식이 확산되고 있다. 가발, 탈모 전용 샴푸, 탈모치료제 등을 포함한 전체 한국 탈모 관련 시장 매출 규모는 2004년 4천억원에 불과했지만 2017년에는 4조원으로 10배가 됐다. 이 중 가발 시장 규모는 1조원으로 추정한다. 그리고 이런 추세가 한국과 아시아뿐만 아니라 세계적으로 확산되고 있다.

인도네시아에는 한국계 가발과 속눈썹 생산업체가 50여 개 있고, 이들은 중부자바주 뿌르발링가, 족자카르타주 보보사리와 반자르, 서부자바주 수까부미와 가룻, 동부자바주 시도아르조 등지에 산재해 있다. 뿌르발링가와 주변 지역에는 가발과 속눈썹 제조회사가 24개 있고 이 중 70%가 한국기업이다. 이 지역에서 가발산업이 고용한 노동자는 약 3만 명이고, 한국기업이 고용한 인력이 2만5천명가량이다.

자바섬 중남부에 있는 족자카르타(또는 족자) 지역에 사는 한국인들은 주로 제조업에 종사한다. 이 지역 한국인 대부분이 골프장갑 제조업에 종사하고 있고, 그 밖에 봉제, 가방, 가발, 가구, 제조업, 건축업, 관광업, 식당 등을 생업으로 하고 있다.

족자 지역에 골프장갑 제조업체가 진출하기 시작한 시기는 1990년대 초반 기호(PT Kiho)라는 회사의 진출시기와 같다고 보면 된다. 지금은 미국과 유럽에 유통되는 골프장갑의 60%가량이 족자에서 생산된다. 족자 지역 한인기업의 80%가량이 장갑제조업을 하고 있다. 골프장갑 생산업체들이 족자에 자리잡게 된 이유는 온순하고 손재주가 좋은 인력과 원자재인 양가죽의 공급이 원활하기 때문이다. 또 다른 이유로는 장갑 같은 낮은 가격의 제품은 인건비가 상대적으로 저렴한 족자 지역이 적합하기 때문이다. 골프장갑 제조업체는 비교적 규모가 작다. 족자에는 직원을 300명 이상 고용하는 업체가 10개가량 되고, 1천명 이상인 업체는 2개 정도다.

◆ 전자산업, 가전에서 디지털 기업으로 환골탈태

자카르타에서 동쪽으로 35Km가량 떨어져 있는 서부자바주 찌까랑 지역은 2009년 이전까지 한인이 3천명에 육박한 한인 밀집지역으로 한식당과 한인 슈퍼마켓과 편의시설 등이 즐비했다. 이 지역은 1990년 초 한국에서 투자한 전자산업 관련 업체의 집중 투자가 이루어져 2010년까지 20여년 간 전성기를 구가했다

LG전자

고 할 만큼 지역 한인사회가 크게 형성됐었다. 이후 스마트폰이 대중화되면서, 주요 생산품인 VCR과 AV 등이 사양화하고, 아세안(동남아시아국가연합)에 산재해 있던 가전 부문의 구조조정으로 일부 생산품목이 베트남으로 이탈하면서 2019년 현재 찌까랑 지역의 한인들은 1천여명으로 축소됐었다. 하지만 2020년부터 현대자동차와 LG에너지솔루션 등 한국의 첨단산업 대기업이 찌까랑과 주변 지역에 투자가 진행되면서 2023년 현재 한인 거주자는 다시 3천명에 육박하고 있다.

인도네시아는 1985년부터 외국인 직접투자에 대한 규제를 완화하기 시작했다. 이 무렵 한국의 인건비가 급상승했고, 한국의 전자산업은 저렴한 인건비, 노동력과 자원이 풍부한 인도네시아를 생산기지로 결정했다. LG전자가 1990년과 1995년에 각각 반뜬주 땅그랑과 서부자바주 찌비뚱에 현지 공장을 설립했다. 1991년 삼성전자가 찌까랑에 공장을 설립해 VCR과 AV, TV, 냉장고, 세탁기, 에어컨 등을 생산하기 시작했다. 이에 따라 2010년까지 양사의 협력업체 100여개가 찌까랑과 주변 지역에 대규모 클러스터를 형성했다.

한국을 대표하는 글로벌 전자기업인 삼성전자와 LG전자는 인도네시아 진출 초기인 1990년 초 일부 품목의 일반특혜관세(GSP) 혜택 등으로 수출을 위한 전초기지는 물론, 성장 잠재력이 큰 내수 판매를 겨냥했다. 하지만 앞서 진출해 터를 닦은 일본계 전자기업인 샤프와 파나소닉 등이 현지 내수시장을 장악하고 있어 초창기 일본 기업의 아성을 넘어서기는 쉽지 않았다.

1997년 아시아 외환위기와 이듬해 5월 민주화 시위와 폭동으로 많은 외국기업이 현지에서 철수했으나 대부분 한국 기업은 현지에 꿋꿋이 남아 분투했다. 2000년 초부터 인도네시아가 정치·사회적으로 안정을 되찾으면서 경제가 다시 살아났고, LG전자와 삼성전자는 고품질의 기술력과 소비자들에게 한국 방식의 체계적이고 신속한 서비스를 제공하면서 가전 부문 내수시장의 점유율을 높여 나갔고, 2000년대 중반부터 일본계 전자업체를 제치고 현지 가전시장을 석권했다. 삼성전자와 LG전자는 인도네시아 수출실적에도 크게 기여했다. 1990년대 후반과 2000년대 초반에 인도네시아 총 전자제품 수출실적 60억 달러 가운데 양사의 수출금액은 25억 달러를 웃돌았다.

인도네시아 경제 성장이 2000년대 중반 이후 6%대의 높은 성장률을 보이면서 시장도 다변화됐다. 이경준 LG전자인도네시아 법인장은 2020년 5월 인터뷰에서 "1990년부터 2000년 초반까지는 가전시장이 고가제품과 저가제품 등으로 양분화됐으나, 2000년대 중반 이후 중산층이 늘어나면서 중가형 제품의 시장이 확대되기 시작했다"며 "2012년 파나소닉이 자회사 산요의 백색가전 사업을 중국 하이얼에 매각했다. 이어 샤프가 2016년 대만 폭스콘에 인수된다. 이러한 상황에서 한국 가전은 고가 시장을 타깃으로 했고 샤프와 파나소닉, 산요 등은 중가 시장, 현지 기업인 폴리트론(Polytron)과 코스모스(Cosmos), 덴뽀(Denpo) 등은 저가 시장을 형성하며 3등분됐다"고 설명했다.

휴대전화 부문에서 2000년대 중반까지 노키아가, 이후 2008년부터 2012년까지 블랙베리가 각각 절대적인 우위를 보였다. 2012년부터 삼성전자의 휴대전화가 블랙베리를 추월해, 이후 시장점유율을 45%로 끌어올리면서 크게 앞서 나갔다. 가전 부문에서는 LG전자가 인도네시아 고급 시장에서 독보적인 위치를 차지하는 등 양사는 첨단 디지털 제품 생산과 판매에 주력하고 있다.

LG전자는 2021년 구미사업장의 TV 생산라인 6개 중 2개를 인도네시아 찌비뚱 공장으로 옮겨 인도네시아의 TV 생산능력을 대폭 확대하고, 아시아권 TV 거점 생산 기지로 육성한다는 계획이다. 1995년 준공된 찌비뚱 공장은 TV, 모니터, 사이니지(전자간판) 등을 생산하고 있다.

[단체] 한국-인도네시아 경제발전에 기여한 코참

 재인도네시아 한인상공회의소

　인도네시아 한인상공회의소(이하 코참 KOCHAM)는 현지에서 가장 영향력있는 외국인 경제단체 가운데 하나로 성장했다. 2014년 12월 코참은 주인도네시아 미국상공회의소(AMCHAM)와 양국 상공인 협력을 골자로 하는 양해각서(MOU)를 체결하는 등 인도네시아에서 주요 외국인 상공인 단체와 어깨를 나란히 하고 있다.

　코참은 한인기업의 애로사항이 있는 곳이면 달려가는 해결사 역할을 톡톡히 하고 있다. 2020년 4월 중순부터 코로나19가 확산되자, 인도네시아 당국이 코로나19 확산을 막기 위해 대규모 사회적 제약(PSBB)을 시행했다. 이 과정에서 일부 한인기업들의 공장이 폐쇄되는 어처구니없는 사태가 발생했고, 코참이 중재해 문제를 해결했다. 2011년 현지 관세 당국이 보세구역 내 업체들에 대한 하청을 제한한다는 행정명령 강행을 며칠 앞두고, 코참은 한국대사관과 재인니봉제협의회(KOGA)와 협력해 적극적인 대응으로 원만하게 문제

제6대 재인도네시아 한인상공회의소 출범식

를 해결했다. 코참이 한인기업의 크고 작은 애로사항을 해결한 일은 부지기수로 많다.

지금까지 코참이 시행한 주요 사업 가운데 일부만 소개하면, △매년 적정한 최저임금 결정을 위해 인니경제인총회(APINDO)와 긴밀한 협력 △ 신정부 경제 로드맵 참여 △ 매년 산업부, 무역부, 노동부 장관 등 주요 정부 인사 초청 비즈니스 다이얼로그 개최 △ 외국상의 네트워킹 행사 개최 △ 2015년 대정부 투자정보보고서 발간 △ 2016년 고충처리위원회 발족 등 다수가 있다.

코참은 2001년부터 국제상공회의소(IBC) 회원으로 활발하게 활동하고 있으며 현지 미국 상공회의소(AMCHAM)와 일본, 싱가포르, 유럽 등 외국인 상공회의소 등과 협력해 인도네시아 대정부 활동을 강화하고 투자 유치에 협력하고 있다. 특히, 급변하는 글로벌 환경에 발빠르게 대응할 수 있도록 주재국 정부의 경제 정책을 입안하는 데 조언하고 있다.

한인기업인들의 권익 증진과 주재국 정부에 한인기업을 대변하는 단체인 코참은 회원사의 역량을 강화하기 위해 격주 토요일 100분 회의를 통해, 인도네시아 최신 경제동향 및 주요 정치 현안을 공유한다. 또 전문가 강연과 주재국 각 부서 관리들을 초청해 정책설명회 등 간담회를 개최하여 한인 기업의 빠른 이해를 돕고 개정된 법령으로 인한 불이익 방지에 힘쓰고 있다.

초창기 코참은 1991년 재인도네시아 한인회 산하 6개 상임분과위원회 중 상공분과위원회로 설립해 운영되다가 코참으로 조직을 확대·개편하고 초대 회장에 승은호 코린도그룹 회장이 선임됐다. 2013년 7월에는 코참이 확대·발족하고 송창근 제3대 회장을 선임했다. 2020년 현재 코참의 임원 및 사무국 수는 53개사이며, 회원사 수는 200여개사가 활동하고 있다. 3·4·5대 송창근 회장에 2022년 6대 회장에 이강현 현대자동차 아시아태평양지역본부 부사장이 선출됐다.

3장

1차 성숙기
: 자본·기술집약산업의 진출

◆ 중화학공업, 유통, 금융, ITC, 한류, 방산 등 투자 증가

1998년 아시아 외환위기를 극복한 인도네시아에 투자한 한국 기업은 더욱 안정적이고 다양한 산업으로 확장한다. 2000년 이후 봉제업체가 양적으로 다시 증가하고 금융, 유통, 철강, 석유화학, 정보통신기술(ICT)과 한류 관련 산업 등 다양한 업종이 진출하면서 인도네시아 한인들의 수는 지속적으로 증가했다.

외환위기 이후 현지 통화의 가치 하락 덕분에 소자본 창업이 가능해졌다. 2000년대 중반을 넘어서면서 봉제 부문의 인도네시아 투자가 다시 성황을 이뤘고, 폐업한 한국 봉제업체 출신의 관리자들이 귀국하지 않고 창업하는 경우도 적지 않았다.

수실로 밤방 유도요노 정부는 2006년 1,200만 명에 달하는 실업자들의 고용 문제를 해결해야 했으며, 지지부진한 5%대의 경제성장률을 한 단계 더 끌어올려야 하는 숙제를 안고 있었다. 이러한 문제들을 해결할 수 있는 돌파구는 외국자본의 유치라는 결론에 다다른 인도네시아 정부는 외국 투자자들에게 더 나은 투자 여건을 제공하는 내용을 담은 신투자법

(Undang-undang tentang Penanaman Modal 2007)을 제정한다.

신투자법은 직접 투자에 있어서 외국인 투자자와 내국인 투자자가 법 앞에 동등한 대우와 동등한 기회를 부여받도록 규정하여 직접 투자와 관련한 내외국민의 차별을 철폐하도록 하였으며, 투자 자산의 국유화 금지, 과실송금 보장 등 투자 안정성을 보장하는 내용을 담고 있습니다. 신투자법은 선언적인 내용에 그치지 아니하고, 소득세 감면, 관세 면제, 부가가치세 면제, 감가상각 가속, 토지세 감면 등 투자자에게 실제적인 투자 혜택을 부여하는 내용 또한 포함하고 있다.

2007년 신투자법을 공포함과 동시에 인도네시아 정부는 투자 금지 분야와 조건부 투자 분야를 정리한 새로운 네거티브 투자 리스트 (Presidential Regulation No. 77 of 2007)를 발효시킴으로써 직접 투자와 관련된 새로운 투자 관련 법률 체계를 완성하게 된다. 이러한 투자법과 네거티브 투자 리스트로 구성되는 직접 투자 관련한 기본 체계는 현재까지 유지되고 있다.

빠르게 성장하고 있는 인도네시아 경제에서 금융산업 비중은 국내총생산(GDP)의 불과 4.2%(2023년 기준)를 차지하고 있는 만큼 금융산업은 성장 잠재력이 크다. 특히, 2023년 외국인직접투자(FDI)는 360억 달러로 전년 동기 대비 16%가 증가하는 등

롯데몰 자카르타

인도네시아는 인도와 베트남과 함께 중국의 대안 투자지로 부상하면서 금융 부문은 말 그대로 블루오션이다. 2023년 인도네시아 1인당 GDP는 5천 달러에 육박하고 2024년에는 5천 달러를 넘어설 전망이라서 금융산업은 경제성장과 함께 고성장을 이어갈 것으로 낙관하고 있다. 이에 한국의 주요 은행, 증권사와 보험사 등 금융기관이 현지 법인 인수를 통한 진출이 이어지고 있다.

2010년 전후에 한국의 글로벌 대기업들의 인도네시아 투자가 이어진다. 롯데마트가 2008년 10월에 인도네시아 마크로(Makro) 19개점을 인수하며 우리나라 유통업체로서는 최초로 인도네시아 시장에 진출했다. 이후 2010년 8월 직접 투자 방식을 통해 수도 자카르타에 간다리아 시티점(Gandaria City)을 오픈했고, 2021년 기준 49개 점포를 운영하고 있다. 2013년 9월 한국타이어는 서부자바주 브까시 지역에 있는 공단에 총 3억5300만달러(약 3800억원)를 투자해 완공한 인도네시아 공장은 승용차용 타이어, 초고성능 타이어, 경트럭용 타이어 등을 연간 600만개를 생산할 수 있는 최신 제조 설비를 갖췄다.

2013년 12월 포스코와 인도네시아 국영 철강업체 크라카타우스틸(PT Krakatau Steel)이 각각 70%, 30%씩 투자해 설립한 크라카타우포스코가 연간 생산능력 300만톤 규모의 동남아 최초 일관제철소를 완공해 가동한 지 4년만에 누적 판매량 1,000만톤을 돌파했다. 2022년 7월 서울에서 인도네시아 국영 철강회사 크라카타우스틸과 철강 생산능력 확대 및 인도네시아 신수도 건설 사업 참여에 관한 양해각서(MOU)를 조코 위도도 대통령이 참석한 가운데 체결했다. 포스코와 크라카타우스틸은 향후 5년간 공동으로 35억 달러를 투자해 크라카타우포스코(PT.KRAKATAU-POSCO)의 제 2고로와 냉연공장 신설을 추진한다. 크라카타우포스코는 포스코

포스코인도네시아

와 크라카타우스틸이 합작한 일관제철소로 수도인 자카르타 북서쪽으로 약 100Km 거리의 찔레곤(Cilegon)에 위치해 있다. 현재 연산 300만 톤 규모의 고로 1기와 후판공장을 가동하고 있으며 크라카타우스틸의 현물출자를 통해 열연공장도 갖출 예정이다. 포스코와 크라카타우스틸은 크라카타우포스코에 고로 1기를 추가로 건설해 연간 조강량을 6백만 톤 이상으로 대폭 확대하고, 자동차강판 생산 설비도 구축할 계획이다.

아울러 포스코는 인도네시아의 신수도 건설 사업에도 참여한다. 본 사업에는 한국 최고의 스마트시티로 평가받는 송도국제도시 개발을 성공적으로 수행한 포스코건설 등 그룹사도 참여를 검토 중이다.

롯데케미칼이 인도네시아 반뜬주에 약 47만㎡ 면적의 부지에 납사분해설비(NCC) 등 대규모 석유화학단지 건설을 진행 중이다. 총사업비만 39억 달러(약 5조4300억원)로 롯데그룹이 진행하는 해외 투자 중 규모가 가장 크다. 2025년 완공 예정으로 연간 에틸렌 100만t, 프로필렌 52만t, 폴리프로필렌 25만t 등이 생산된다.

인도네시아와 한국은 국산 훈련기 KT-1, 초음속 고등훈련기 T-50, 잠수함 사업을 통해 방산협력을 꾸준히 하고 있다. 이어 '단군 이래 최대 무기개발사업'이라 불리는 한국형 전투기 개발 사업을 인도네시아와 공동 개발하고 있다. 이 사업은 개발비만 8조8천억원이고 생산비까지 합치면 총 사업비가 18조6천억원 규모이다.

◆ **블루오션 인도네시아 '금융산업', K-금융 진출 러시**

1960년대 후반에 코데코(KODECO, 당시 한국남방개발)와 코린도(KORINDO) 등 한국 기업의 제1차 인도네시아 투자가 본격적으로 이루어짐에 따라 한국과 인도네시아 간 교역이 증가하기 시작했다. 이에 따라 금융 지원과 시장조사의 필요성이 커지자, 1968년 한국외환은행(현 KEB하나은행) 자카르타사무소가 문을 열었다.

1980년대 후반은 한국기업이 인도네시아에 진출하는 2차 시기다. 1988년부터 신발과 봉제 기업 등 노동집약적인 산업이 인도네시아에 쇄도하자, 현지에 진출한 한국 기업들의 금융 지원이 절실하게 되었다.

1990년에 가장 먼저 현지법인을 설립한 은행은 한국외환은행이다. 이어 1992년 한일은행(현 인도네시아 우리소다라은행)이 현지법인을 설립한다.

수하르토 정권이 붕괴된 이후 혼란과 개혁 등 과도기를 거친 후 인도네시아 정치, 경제와 사회가 안정을 되찾는다. 2007

KEB하나은행인도네시아 홍보사진

년 이후 제3차 한국기업의 인도네시아 투자 러시가 이어진다. 이 무렵부터 한국 주요 은행들이 현지 기업을 인수하면서 현지에 진출한다.

2007년 KEB하나은행이 현지 소매은행 인수를 시작으로 진출한 이후 우리소다라은행, 신한인도네시아은행, OK뱅크인도네시아, IBK인도네시아은행, KB뱅크 등 한국계 은행들이 현지 시장에 진출해 소매금융 시장으로 영역을 확대하고 있다. 또 2024년 한화생명이 인도네시아 리포그룹이 보유한 '노부은행(Nobu Bank)' 지분투자를 통해 국내 보험사 최초 해외 은행업에 본격 진출한다

최근 수년간 한국계 은행이 앞다퉈 인도네시아에 진출하는 데는 이유가 있다. 한국 시중은행의 예대금리차 약 2.0%p(2020년10월)에 불과한 반면, 인도네시아는 약 5.0%p나 된다. 스태티스타(Statista) 자료에 따르면, 2023년 현재 인도네시아의 은행 계좌 보유율은 61.78%로 최근 몇 년간 급격하게 증가했으나 온라인뱅킹 보급률 31.23%, 직불카드 보급률 35.74%, 신용카드 보급률 1.51% 등에 불과해 성장 잠재력이 높기 때문이다. 하지만 어려운 금융환경이 장애물이다. 인도네시아에는 시중은행 격인 상업은행이 120여 개에 달하고, 여기에 지방은행까지 포함하면 1,700여 개에 이를 정도로 금융사들이 난립해 있다. 더욱이 인도네시아 현지 은행들의 독점 체제와 인도네시아 금융감독청(OJK)의 엄격한 관리·감독은 외국계 은행에게는 어려운 여건이다.

한국 증권사도 속속 현지 시장에 진출했다. NH투자증권이 지난 2009년 현지 증권사와의 합작사 형태로 처음 진출한 이후 키움증권과 미래에셋증권, 신한금융투자, 한국투자증권, KB증권 등 증권사가 진출해 있다. 인도네시아의 주식계좌보유 비중은 아직 4.3%에 불과한 만큼 잠재성장 가능성이 높은 시장이다.

인도네시아에 진출한 국내 보험사는 삼성화재, KB손해보험, 메리츠화재, 한화생명과 한화손보 등 4개사가 있다. 인도네시아 보험은 중상위 소득계층을 중심으로 시장이 형성돼 있는 잠재력이 큰 시장이다. 또 자동차보험 의무화가 논의되고 있는 만큼 잠재성장 가능성도 높게 평가받고 있으며, DB손해보험은 합작법인 설립 준비 중이다.

기타 리스업으로, 한국수출입은행이 1992년 인도네시아에 종합금융(리스) 현지법인 인도네시아 한국수출입만디리은행(PT KOEXIM Mandiri Indonesia)을 설립했다. 1992년 이 은행 설립 당시 인도네시아 측 합작은행은 만디리은행의 전신인 방크다강느가라(Bank Dagang Negara)였다. KDB산업은행이 2019년에 인도네시아 자카르타에 사무소를 열었다. 이전에 코린도그룹의 클레몽종합금융(PT Clemont Finance)이 1989년 설립해 영업을 하고 있다.

인도네시아에는 2023년 현재 7개 은행, 9개 증권사 및 보험사 등 28개 한국 금융사가 진출했다. 이들은 그동안 약 27억 달러(약 3조5천700억원)를 투자했으며, 2만5천명을 고용하고 있다.

◆ **한류 열풍을 타고 비상하는 한국 제품·서비스**

이제 인도네시아 사람들은 한국 식품을 먹고 한국 드라마와 영화를 보고 K-Pop을 들으며 한국 화장품을 사용하고 한국 관광도 즐긴다. 2000년대 초 인도네시아 현지에서 첫 한국 드라마가 지상파를 탄 이래, 한류 콘텐츠가 20년 이상 인기를 지속하고 있다. 처음에는 한국 드라마를 보고 주인공이 사용한 물건들을 구입하거나 K-Pop 댄스를 따라 하던 일방적인 수용이었으나, 이젠 한류가 인도네시아 사람들의 삶의 일부가 됐다.

문화체육관광부와 한국국제문화교류진흥원(KOFICE)이 2024년 4월 발표한 '2024 해외 한류 실태조사'(2023년 기준)에 따르면, 응답자 57.9%가 한류가 한국 제품·서비스 이용에 영향을 미친다고 답했고, 특히 인도네시아가 81.4%로 가장 높았으며, 이어 베트남(78.6%), 사우디아라비아(74.5%) 순이다. 한국 문화콘텐츠를 경험한 인도네시아인의 대다수는 한류가 한국 제품·서비스 이용에 영향을 미친다고 답해 K-콘텐츠 소비가 연관 산업에도 상당한 영향을 끼치는 것으로 조사됐다. 이번 조사는 26개국의 한국 문화콘텐츠 경험자 2만5천명을 대상으로 2023년 11월 10~30일 온라인 설문 방식으로 진행됐다.

문체부는 이러한 조사 결과를 바탕으로 인도네시아 자카르타에서 'K-박람회'를 여는 등, K-콘텐츠의 해외 진출을 확산하는 다양한 사업을 추진한다. 이번 조사에서 한류 경험자의 절반 이상(50.7%)은 '향후 한국산 제품·서비스를 구매할 의향이 있다'고 밝혔다. 이는 전년 대비 3.4%포인트 증가한 수치다. 제품·서비스별로는 식품(64.7%)이 가장 높았으며, 한국 방문(61.8%), 음식점에서 식사(61.4%), 화장품(54.0%), 의류 구매(52.8%) 등이 높은 소비 의향을 보였다. 한국 문화콘텐츠에 대한 호감도 조사에서 가장 높은 국가는 인도네시아이다. '마음에 든다'(호감)라고 답한 비율은 인도네시아(86.3%), 인도(84.5%), 태국·아랍에미리트(83.0%), 베트남(82.9%) 등 주로 동남아시아에서 호감도가 높았다.

인도네시아 2억8천만 인구 가운데 생산가능인구는 전체 인구의 68%, 평균 연령은 29세로 젊은 인구구조를 갖고 있는 역동적인 소비시장이다. 아울러 소득 증가에 따른 중산층의 증가는 소비시장을 확대하고 있으며, 국내총생산(GDP)에서 민간소비가 55%가량 차지할 만큼 탄탄한 내수시장은 유통 서비스업 성장을 견인하고 있다.

특히, 코로나19 팬데믹 기간 동안 넷플릭스와 유튜브 등을 통해 한국

2023년 9월 23일 인도네시아 자카르타 겔로라 붕 카르노 스타디움에서 열린 '에스엠타운 라이브 2023 에스엠시유(SMCU) 팰리스 @자카르타 위드 케이비(KB) 뱅크' 공연 모습.

음식문화를 접한 인도네시아 10~20대의 한식에 대한 반응이 가장 뜨겁다. 팬데믹 기간에 떡볶이로 대표되는 K-분식의 소비가 크게 늘었다. 최근 인도네시아에서 가장 인기 있는 한국 음식으로는 떡볶이와 김밥을 꼽을 수 있다. 떡볶이의 맵고 짜고 단맛은 인도네시아 현지인 입맛에 잘 맞으며, 떡과 유사한 인도네시아 음식 '론통'(lontong)이 있어 식감에 대한 거부감도 거의 없는 것으로 나타났다. 한국에서 술집인 포차(pocha)가 현지에서는 떡볶이, 잡채와 불고기 등 현지인이 좋아하는 음식을 파는 간이식당 컨셉으로 확산되고 있다. 주류를 판매하는 포차도 있다. 이 같이 새로운 한류 음식 문화가 현지에 정착될 것으로 보인다.

롯데마트는 인도네시아에 진출한 대표적인 한국 기업이 투자한 유통 기업이다. 롯데마트는 2008년 한국 유통 기업 최초로 인도네시아에 진출했다. 인도네시아 대형마트 마크로(Makro) 19개점을 인수하며 현지 사업을 확대했다. 현재 인도네시아에 매장 50곳을 운영 중이다. 롯데마트는 인도네시아 유통업계 역시 온라인 중심으로 재편되고 있는 만큼 10대 도시 대형 점포와 중소 도시 거점 점포를 연결해 전국적인 물류 네트워크로 활용할 방침이다. 앞서 롯데그룹은 2013년 6월 자카르타 메가꾸닝안 지역의 복합단지인 '찌뿌뜨라 월드 자카르타'에 복합쇼핑몰인 '롯데쇼핑 에비뉴점'을 오픈했다.

인도네시아 유통업계를 통해 한국 식품이 빠르게 확산되고 있다. 인도네시아 국민의 소득이 증가하고 도시화가 빠르게 진행됨에 따라, 소비자들은 전통시장보다는 쇼핑의 편리함을 제공하는 현대적인 유통 채널을 선호하는 경향을 보인다. 2019년 현재 인도네시아에서 현대적인 유통 채널 가운데 하이퍼마켓과 미니마켓(편의점)은 확산 추세인 반면, 슈퍼마켓은 축소되고 있다. 2018년에만 헤로 슈퍼마켓이 26개 점포가 문을 닫았고, 미니마켓은 급증하는 추세다. 인도네시아 1위와 2위를 달리는 편의점 체인 인도마렛과 알파마트는 2011년에 매장수가 각각 5,755개와 5,200개였으나, 2017년에 각각 15,335개와 13,400개로 2.5배 이상 증가했다. 이들 편의점이나 슈퍼마켓에서는 한국에서 수입한 라면과 떡볶이 등 한국 식품뿐만 아니라 현지에서 생산한 한국 가공식품도 쉽게 볼 수 있다. 최근 자카르타 외곽 땅그랑 지역에는 한국식 편의점을 컨셉으로 한 'K3MART'가 오픈했다. 이 곳에서는 한국 식품과 간편조리음식을 판매하고 있다.

유통산업에서 현지 한인이 운영하는 유통기업과 슈퍼마켓을 빼놓을 수 없다. 이들 유통기업들은 먼 타국에서 한인들의 식생활을 책임져 주었을 뿐만 아니라, 2000년대 후반기부터 시작된 인도네시아 한류 열풍을 일으키는데 큰 역할을 하고 있다. 1980년대 초반부터 태동하기 시작한 한인 슈퍼마켓은 무궁화를 시작으로 도라지, 뉴서울, 한일마트, K-마트 등이 있으며, 이들 유통회사들은 인도네시아 대도시 식품 유통 점포에 납품하거나 한국인이 근무하는 지방에 있는 회사에 한국 식품을 공급하고 있다.

인도네시아는 동남아시아에서 가장 빠르게 성장하고 있는 영화시장이다. CJ CGV는 2013년 인도네시아 극장 체인 블리츠 메가플렉스(Blitz Megaplex)를 위탁 경영하며 인도네시아에 진출해, 2017년 1월 블리츠 메가플렉스를 CGV로 브랜드를 전환하면서 확장한다. 위탁경영을 맡기 전인 2012년 400만명 수준에 불과했던 연 관객 수는 2016년 1,000만명, 2019년 2,000만명을 넘어서며 급증했다. 한국 영화 콘텐츠에 대한 관심도 높다. 2024년 4월 영화 '파묘'는 230만 관객을 돌파했다. 영화 '7번 방의 기적'을 리메이크 해 2022년 9월 개봉한 인도네시아 작품은 관람객 수 585만여 명, 역대 관람객 수 6위를 기록했다. CGV는 2023년 연말 기준 현지에서 74개 영화관·422개 스크린을 운영하고 있으며, 현지 1위 영화관 시네마 21(Cinema XXI)에 이어 시장점유율 2위를 차지하고 있다. 컨설팅기업 미디어 파트너스 아시아(Media Partners Asia)에 따르면, 2023년 인도네시아의 영화산업 규모는 82억 달러 규모로 전 세계 17위 규모이며 2023년부터 2028년까지 연평균 7.3%씩 성장할 것으로 전망했다. 영화관은 2012년까지 145곳(스크린 609개)에 불과했으나 2020년에 517곳(스크린 2145개)으로 늘었다.

◆ ICT 산업, 틈새시장 공략 전략으로 접근

스마트폰의 등장은 인도네시아 경제를 디지털경제로 바꾸는 대전환점이 된다. 인도네시아는 섬나라라는 특성 때문에 유선 인터넷 보다는 모바일 분야가 먼저 발달하기 시작했다. 유선전화 보급율이 매우 낮았던 인도네시아에서 1990년대 후반에 휴대전화가 대중화되면서 노키아 제품이 시장점유율 65%까지 끌어올리면서 시장을 장악했고, 이어 소니에릭슨과 모토롤라, 삼성전자 휴대전화 순이었다. 이어 블랙베리 메신저(BBM) 기능을 장착한 블랙베리 휴대전화가 2008년부터 2012년까지 인도네시아에서 돌풍을 일으켰다. 이후 구글과 메신저앱인 왓츠앱(WhatsApp) 등 다양한 모바일 응용소프트웨어(모바일 앱)를 탑재한 스마트폰이 등장하면서 블랙베리가 사양길로 접어들고, 삼성전자 스마트폰이 2020년 현재 매출액 측면에서 인도네시아 시장을 장악하고 있다.

재인도네시아 한국정보통신기술협회(KICTA) 박성빈 사무총장에 따르면, 1990년대 말 닷컴 열풍이 불기 시작할 때, 2000년 설립된 한국계 종합 IT서비스 사업자인 볼레넷(boleh.net)과 2001년 모바일 컨텐츠 및 서비스를 시작한 트리야콤(Triyakom)이 인도네시아에서 한인 IT업체의 1세대로 선구자 역할을 했다. 이어 2004~2005년 기간 중에 와이더댄(WiderThan), 이루온(Eluon), 유엔젤(Uangel) 등의 대표적인 한국 모바일서비스 사업자들이 인도네시아 통신사를 대상으로 모바일서비스를 제공하기 시작하면서 본격적인 인도네시아 내 한국 IT기업들의 진출이 시작되었다.

그 이후, 2007년과 2010년에 크레온(Kreon)과 멜론(Melon Indonesia)이 각각 디지털게임과 음악서비스를 인도네시아에 제공하기 시작하였으며, 특히 이들 두 기업은 인도네시아에 진출한 한국 IT기업 중에서 의미 있는 사업 성과를 이뤄낸 사업자들로 알려져 있다. SK텔레콤과 인도네시아 최대 통신사업자인 텔콤(Telkom)이 설립한 조인트 벤처 'PT Melon Indonesia'는 한국에서의 디지털 음악서비스 성공을 발판으로 인도네시아에 유무선 디지털 음악 서비스 '멜론'을 런칭하였다. '크레온'은 게임 퍼

블리싱 업체로서 인도네시아에서 온라인게임 퍼블리싱 사업을 시작해 성공을 이루었다. '크레온'은 거의 10년 가까이 인도네시아 게임 시장에서 1인칭슈팅게임(FPS), 역할수행게임(RPG) 등의 게임 장르를 석권하였으며, 현지 IT환경에 최적화된 사업전략을 수립하고 적극적으로 실행한 것이 사업성공의 주요한 요인으로 알려져 있다.

크레온과 멜론인도네시아의 모바일 컨텐츠서비스 분야에서의 성공적인 진출에 힘입어서 2014년에는 SK 플래닛이 인도네시아 이통사 엑셀악시따(XL Axiata)와 합작사 엑셀 플레닛(XL Planet)을 설립하여 일레브니아(Elevenia)라는 브랜드로 인도네시아 이커머스 시장을 선도적으로 개척하기 시작하였다. 하지만, 대규모 국제 자본과 중국 자본의 탄탄한 지원을 등에 업은 다수 중국계 이커머스 사업자의 등장으로 인도네시아 시장에서의 경쟁이 격화되면서 아쉽게도 2017년에 인도네시아에서의 사업을 접기로 결정하고 하고, 사업 지분을 살림(Salim)그룹에 매각하였다.

2017년 이후는 한국 정부의 신남방정책 추진과 고젝(Gojek)·토코피디아(Tokopedia) 등 대표 인도네시아 스타트업의 성공사례가 만들어지면서, 한국 자본의 지원과 한국 IT스타트업들의 아이디어 및 기술력을 가지고 다양한 분야의 IT기반 사업자들이 인도네시아 시장에 진출해 새로운 성공사례를 만들기 위해 고군분투하고 있다. 대표적인 한국계 스타트업 기업으로는 CoHive(공유오피스), 9Lives(보험플랫폼), Qraved(레스토랑 소개앱), Cashtree(모바일광고 플랫폼), OK Home(홈클리닝서비스), 코드블릭(이커머스 솔루션), 스튜디오 쇼(컨텐츠 크리에이션) 등을 꼽을 수 있다. 코로나19 팬데믹 이후 IT 아웃소싱 시장 내에서 건강, 교육, 의료 분야의 진출도 활발하게 이루어지고 있다.

데이터리포털(DATAREPORTAL)에 따르면 인도네시아의 인터넷 사용인구는 2008년에 2,500만 명에 불과했으나 지난 10년간 연평균 20% 이상 증가해 2019년에는 2008년 인터넷 사용 인구보다 7배 가량 증가한 총 1억 7,540만 명이다. 이어 2024년 2월 기준 인터넷 사용 인구는 2억2,150만 명으로, 인구의 80%가량이 인터넷을 사용하고 있다. 이커머스 시장 규모는 2019년 현재 250억 달러이며, 2025년에는 950억 달러로 급성장할 것으로 전망된다. 인도네시아는 아시아에서 두번째로 큰 스타트업 시장이다. 전자상거래 핀테크 부분에 유니콘 7개와 데카콘 1개를 보유하고 있다.

결제서비스 업체인 퍼스트 페이먼트(First Payment Indonesia)를 운영하고 있는 박성빈 사장은 "과거 몇몇 한국 IT기업의 진출 실패 사례의 경험을 비추어볼 때, 한국 IT기업이 인도네시아에서 고객과 같은 대규모 IT사업을 단기간에 일구어 성과를 낸다는 것이 쉽지 않은 만큼 현지 시장에 대한 주도면밀한 검토와 다양한 인적네트워크를 활용한 적정 규모의 틈새시장 공략이 성공 비결"이라며 "인도네시아 시장이 한국시장에 대비해서 사업실행과 소기의 성과를 내기에는 상당한 시간이 소요되는 시장인 만큼 사업운영자금, 사업전략 및 기대성과 등에서 오랫동안 버틸 수 있는 준비와 맷집이 필요하다"고 조언했다.

4장

2차 성숙기
: 미래산업 경제협력 기회와 도전

◆ 한-인니, 미래 경제협력의 기회와 도전

　한국-인도네시아 수교 50년을 맞는 2023년 1월부터 '포괄적 경제동반자 협정'(CEPA, Comprehensive Economic Partnership Agreement)이 발효되면서 양국 경제협력이 50년을 넘어 100년을 향한 새로운 지평을 열었다. 앞서 인도네시아는 지난 2020년 11월 고용창출법(일명 옴니버스법)을 제정해 경직된 노동시장의 개혁을 통해 투자환경을 개선하는 등 외국인 투자자에게 문호를 활짝 열었다.

　코로나19 팬데믹을 기점으로 글로벌 경제가 둔화하며 침체 위기에 빠진 상황에서도 인도네시아가 제조업 강국으로 떠오르고 있다는 전망이 나온다. 2억 8천만 명의 인구 대국인 인도네시아가 저렴한 노동력과 풍부한 천연자원, 거대한 내수 시장을 앞세워 제조업에서 중국의 일부분을 맡게 될 대체지로 부상하고 있다. 최근 인도네시아는 해외 투자 유치에 있어서 금융보다는 제조업 분야 투자 비중이 높고 투자 여건도 괜찮다는 평가를 받는다.

　인도네시아 투자부에 따르면 2022년 인도네시아 내 외국인직접투자

(FDI)는 약 430억 달러로 사상 최대 규모이며, 전년 대비 44% 증가했다. 이 기간 제조업 분야 투자가 크게 증가했으며, 특히 자동차 배터리의 주요 원자재인 니켈을 활용한 다운스트림(downstream, 하방산업) 산업의 투자가 크게 증가했다. 최근 인도네시아 정부는 원자재 수출 대신에 다운스트림 산업을 개발하는 데 집중한다는 전략을 수립하여 시행하고 있다. 다운스트림 산업은 천연자원을 가공·판매해 부가가치를 올리는 산업 부문을 뜻한다.

인도네시아에 대한 한국의 투자도 큰 폭으로 늘고 있다. 2018년 6억8천만 달러에 그쳤던 한국의 인도네시아 투자는 2021년 18억 달러로 사상 최고치를 기록했다. 지난해 9월 28일 자카르타에서 코트라(KOTRA) 주관으로 열린 '한-인니 미래 신산업 비즈니스 플라자'에 따르면, 한국의 인도네시아 투자가 특별한 것은 전기차나 배터리, 화이트바이오(White Bio) 등 신산업이나 제철소, 석유화학 단지 등 대규모 장치산업에 투자하고 있는 점이다. 이날 행사에서는 인도네시아와 한국 간 미래 신산업 협력 방안을 살펴보는 세미나와 함께 전기차, 에너지, 의료기기, 디지털 콘텐츠 분야 등에서 국내 혁신 기술기업 48개 사의 쇼케이스도 함께 진행됐다. 또 한국전력공사와 협업해 인도네시아 에너지부와 인도네시아 전력 공사를 대상으로 국내 탄소 중립 분야 혁신 기술 기업들의 기업설명(IR)회도 열렸다.

한국과 인도네시아가 경제협력에서 윈윈(win-win)하려면 인도네시아 정부가 추진하는 '메이킹 인도네시아 4.0'에 대한 이해가 선행되어야 한다. 인도네시아는 제4차 산업혁명(4th Industrial Revolution) 실현을 위한 로드맵 '메이킹 인도네시아 4.0'(Making Indonesia 4.0)을 진행하면서, 한국 등 제조업 선진국을 통한 기술 협력을 적극적으로 추진하고 있다. 특히, 제조업 분야에 스마트 팩토리 기술을 접목하기 위한 노력을 강화하고 있다.

메이킹 인도네시아 4.0은 지난 2018년 4월 조코위 정부가 처음 공개했다. 제4차 산업혁명 시대에 전통적인 제조업 강국인 독일, 일본, 미국은 물론 중국과 인도, 등 신흥국들도 글로벌 생산기지로 자리잡기 위해 총력을 기울이고 있다. 인도네시아는 '메이킹 인도네시아 4.0' 정책에 기반한 제조업 경쟁력 강화로 현재 세계 16위 경제 규모를 2030년까지 10위로 끌어올리겠다는 목표를 세웠다.

인도네시아 정부는 핵심 전략 방안으로 첫째, 제조업 수출 경쟁력 강화를 꼽았다. 순수출의 국내총생산(GDP) 기여도를 2030년까지 10% 이상으로 끌어올릴 계획이다. 특히 순수출 중 제조업의 기여도를 2016년 30%에서 2030년에는 65% 이상으로 높이겠다는 게 목표다. 둘째, 로보틱스(Robotics), 3D 프린팅, 사물인터넷, 인공지능 등 인더스트리 4.0 기술을 접목해 단위비용당 노동생산성을 2030년까지 2016년의 2배로 높인다는 것이다. 다른 나라의 인더스트리 4.0 육성과 달리 로보틱스·바이오 등 미래산업보다는 전통 제조업을 집중 육성한다는 점이 가장 큰 특징이다.

인도네시아는 인구대국으로 경제활동이 가능한 젊은 인력이 풍부한 생산기지이자 소비시장이며, 자원이 풍부한 장점을 갖고 있다. 하지만 '메이킹 인도네시아 4.0'을 성공적으로 추진하기 위한 인프라 부족 등 기반이 부족하다는 것은 문제점으로 지적되고 있다. 또 전방과 후방산업 연계 가치사슬이 취약하고 정부 재원 및 혁신 주도 역량 부족, 숙련 노동력 부족 등 해결해야 할 과제도 적지 않다.

이러한 선결 과제를 해결하기 위한 다양한 방안을 모색하고 있다. 주요 선결 과제로는 △수입에 의존하고 있는 소재와 부품의 국내 대체를 위한 산업생태계를 육성 △5대 육성산업(식음료, 섬유, 자동차, 전자, 화학) 발전을 위한 산업단지를 운영하고 산업단지 간 연결성 강화 △고용의 70%를 차지하는 중소기업의 혁신역량을 강화 △빨라빠 링(Palapa Ring)을 통해 대규모 통신망 인프라 구축 △Go-jek, Tokopedia, Traveloka 등 자국 유니콘 스타트업들의 성공을 발판삼아 제조업에도 'IT 혁신' △한국 등 첨단 기술을 보유한 선도 제조업체 유치를 위한 인센티브 강화 등을 추진하고 있다.

한국 기업은 최근 '메이킹 인도네시아 4.0'의 5대 육성산업에 투자를 늘리는 등 인도네시아 정부 정책에 적극 협력하고 있다. 현대자동차, 포스코, LG에너지솔루션, 롯데케미칼 등이 대규모로 투자했다.

◆ 현대차, 인도네시아를 거점으로 아세안 시장 공략

"현대차가 진출하면 인도네시아 국민은 일본차뿐만 아니라 현대차까지 선택의 폭을 넓힐 수 있다"며, "현대차의 투자가 꼭 성공하길 바란다. 완전 무공해인 수소차와 전기차가 매우 인상적이었다." 조코 위도도 인도네시아 대통령은 2019년 11월 부산에서 열린 3번째 한-아세안 특별정상회의 기간 중 현대자동차와 투자협약식에서 이같이 말했다. 이어 조코위 대통령은 2020년 1월 자카르타에서 열린 서비스산업 관계자와의 연례회의에서 "2024년 자카르타에서 동부 칼리만탄주로 이전 예정인 신수도에는 전통적인 내연기관 차량의 운행을 금지하고 친환경 자율주행 전기차만 운행하게 할 것"이라고 친환경 미래자동차로의 변화를 강조했다.

현대자동차가 약 1조8,000억원(15억달러)을 투자해 인도네시아에서 연간 25만 대를 생산할 수 있는 완성차 공장을 서부자바주 찌까랑 지역 델타마스 공단에 2022년 3월 완공했다. 일본차가 95% 이상을 차지하고 있는 인도네시아 시장을 차세대 전략 거점으로 삼아 돌파구를 마련하겠다는 승부수다. 코로나 사태라는 역경을 딛고 착공한지 2년 반만에 완공한 현대차 공장에서 소형 스포츠유틸리티차(SUV) 크레타와 소형 다목적차량(MPV) 스타게이저 등 내연기관차 양산은 물론 아이오닉5 전기차를 아세안에서는 처음으로 양산하고 있다.

 인도네시아에서는 2023년 약 100만5,800대의 신차가 팔렸으며, 이는 아세안 국가 중 최대 수치다. 인도네시아가 높은 성장을 이어가며 자동차 부문에서 아세안 시장 1위로 우뚝 설 날이 멀지 않았다. 더욱이 인도네시아는 자동차 보급율도 낮다. 한국자동차산업협회의 자료에 따르면 인도네시아는 인구 1,000명 당 자동차 보유 대수가 86대에 불과하다(2017년 기준, 세계 82위). 또한 더운 나라에 사는 사람들은 차에 대한 구매 욕구가 큰 편이다. 적도 근처의 나라에서 도보로 이동한다는 건, 고문에 가깝기 때문이다. 적도에 걸쳐 있는 인도네시아인들은 도보로 이동하는 것을 꺼리는 만큼 소

조코 위도도 대통령이 2022년 3월 16일 버까시 현대자동차 공장에서 열린 준공 및 수출 기념식에서 정의선 현대차그룹 회장이 지켜보는 가운데 전기차 아이오닉5에 서명하고 있다.

득 수준이 높아지면 자동차 판매가 크게 늘어날 것이 확실하다.

2023년 1월부터 한국과 인도네시아는 포괄적 경제동반자 협정(CEPA)을 발효했다. CEPA는 시장 개방과 함께 경제 협력에도 무게를 두는 협정이다. 이번 협정을 통해 한국이 인도네시아에 수출하는 주요 품목 대부분의 관세가 즉시 철폐 또는 단계적으로 철폐된다. 현대차는 이번 협정으로 자동차 강판에 쓰이는 철강제품(냉연, 도금, 열연 등)과 자동차 부품(변속기, 선루프 등)의 관세 폐지 혜택을 받는다. 자동차 생산을 위해 인도네시아로 부품을 보낼 때 생길 수 있는 문제가 줄어든 것이다.

앞서 1990년대 중반 한국 기아자동차가 인도네시아에 진출했다. 시장경제를 무시한 정치적인 국민차 생산을 시도한 것이다. 기아차의 인도네시아 진출은 수하르토 당시 인도네시아 대통령의 전폭적인 지원을 등에 업고 1993년 수하르토 대통령의 막내아들 후또모 만달라 뿌뜨라(일명 또미)와 합작 사업에 관한 계약을 맺으며 시작되었다. 이어 1996년 기아차는 인도네시아 국민차 사업권을 획득해 기아차 세피아(1500cc) 모델을 '띠모르'(Timor)라는 이름으로 결정했다. 자동차에 부과되는 수입관세를 면제받는 특혜를 누렸으나, 이에 반발한 일본업체들이 세계무역기구(WTO)에 제소했다. 1997년 한국보다 먼저 외환위기를 맞은 인도네시아는 자동차 수요가 30% 수준으로 뚝 떨어졌고, 1998년 1월 "기아차에만 특혜를 주는 건 부당하다"라는 WTO 판결에 따라 기아차의 국민차 사업권이 취소됐다. 결국 1998년 수하르토 대통령의 실각으로 인도네시아 국민차 사업은 완전히 중단됐다.

현대차는 2018년에 말레이시아에 설립했던 아태권역본부를 2019년에 인도네시아로 이전하고 아세안 지역 진출을 준비해왔다. 또 인도네시아에 생산법인과 판매법인을 각각 100% 단독 투자법인으로 설립했다. 이는 그동안 현대차가 진출하지 않았던 아세안 지역에 전략적 교두보를 마련한다는 의미가 있으며, 인도네시아와 아세안 지역 공략을 통해 미래 성장동력을 확보한다는 의지다. 현대차는 2022년부터 인도네시아 현지에서 본격적인 내연기관 차량과 전기차를 생산·판매하고 진출 초기부터 소비자들로부터 호평을 받고 있다.

현대차가 인도네시아 진출 2년 차인 2023년 현지 자동차 판매량이 전년보다 18% 늘어나며 판매 순위에서 6위에 올랐다. 인도네시아자동차공업협회(GAIKINDO)에 따르면 2023년 인도네시아 전체 자동차 판매량은 소매 판매 기준 99만8,059대를 기록, 2022년(101만3,582대)보다 1.5% 감소했다. 반면, 현대차 인도네시아 판매법인의 지난해 판매량은 35,736대를 기록, 1년 전보다 18.4% 늘어났다. 점유율 기준으로는 3.0%에서 3.6%로 0.6%포인트 올랐고, 판매 순위는 상용차 제조사 미쓰비시 후소와 이스즈를 제치고 8위에서 6위로 뛰어올랐다.

◆ 인도네시아에 전기차 배터리 밸류체인 구축

2024년 7월 현대자동차그룹은 LG에너지솔루션과 합작한 배터리셀 공장 'HLI그린파워(Hyundai LG Indonesia Green Power)'를 준공했다. 현대자동차 인도네시아공장은 HLI그린파워에서 생산한 배터리셀을 장착해 '디 올 뉴 코나 일렉트릭(The all-new KONA Electric)' 양산을 시작했다. 이에 따라 현대자동차그룹은 인도네시아 최초로 전기차 배터리셀부터 완성차까지 현지에서 일괄 생산 시스템을 갖추게 돼 인도네시아를 넘어 아세안 전기차 시장에서 전략적 우위를 확보할 수 있는 계기를 마련했다.

앞서 LG에너지솔루션 등 국내 기업들이 인도네시아에서 전기차 밸류체인 구축을 위해 11조원 규모에 달하는 대규모 프로젝트를 추진한다.

인도네시아 국영 기업과 손잡고 니켈 등 대규모 광물 확보부터 배터리셀 생산까지 '완결형 밸류체인'을 구축한다는 구상이다.

LG컨소시엄과 인도네시아 니켈 광산 국영기업 안탐(Antam), 인도네시아 배터리 투자회사 IBC 등은 2002년 4월 인도네시아 현지에서 전기차 배터리 가치사슬 구축 투자와 관련해 '논바인딩 투자협약'(Framework Agreement)을 체결했다. LG컨소시엄에는 LG에너지솔루션과 LG화학, LX인터내셔널, 포스코홀딩스, 화유 등이 참여한다. 인도네시아는 배터리 핵심 소재인 니켈 매장량과 채굴량 모두 1위인 국가다.

LG컨소시엄은 인도네시아 내에서 광물-제정련-전구체-양극재-배터리셀 생산에 이르는 완결형 밸류체인을 구축하는 프로젝트를 추진 중인데 이번 기본협정 체결은 이런 프로젝트의 첫걸음인 셈이다. LG컨소시엄의 총 프로젝트 규모는 약 90억달러(약 11조772억원)에 이르는 것으로 알려졌다.

LG컨소시엄의 주축은 LG에너지솔루션으로, 이 회사가 원재료 가치사슬 구축을 위해 이 같은 대규모 프로젝트를 추진하는 것은 사실상 처음이다. 최근 니켈, 리튬 등 배터리 원재료의 가격이 천정부지로 치솟아 배터리 업체들에 큰 부담이 되는 가운데 LG컨소시엄은 이번 프로젝트를 통해 수억t(톤)에 이르는 대규모 광물 공급망을 안정적으로 확보할 수 있게 될 것으로 보인다.

인도네시아는 세계 최대 배터리 산업 국가 중 하나가 되기 위한 중요한 단계에 왔으며, 전 세계 배터리 산업의 글로벌 공급망에 진입을 목표로 하고 있다. 다만 이번 협정은 '구속력 없는' 기본 협정이어서 최종 계약이 성사되기까지는 다소 시간이 걸릴 전망이다.

◆ 할랄시장에서 잠재력이 큰 인니와 협력의 중요성

인도네시아와 말레이시아로 수출되는 삼양식품 불닭볶음면은 다른 지역으로 수출되는 제품과 차이가 있다. 가장 큰 차이는 동물성 기름이 쓰이지 않는다는 점이다. 이슬람교에서 요구하는 '할랄 인증'을 받기 위해서다. 할랄 인증은 무슬림(이슬람교도)이 먹고 쓸 수 있도록 이슬람 율법에 따라 만들어진 제품에 부여된다. 무슬림이 많은 인도네시아, 말레이시아 등의 동남아 국가에 수출하려면 할랄 인증은 필수다. 할랄 인증을 받은 불닭볶음면은 동남아에서 크게 인기를 끌고있다. 2019년 동남아로 수출한 불닭볶음면은 850억원 규모에 달한다. 이슬람을 국교로 믿는 말레이시아와 인도네시아에 수출한 물량만 390억원어치에 이른다.

20억 이슬람 인구가 소비하는 할랄(Halal)은 2조 달러가 넘는 엄청난 시장이다. 인도네시아는 전 세계에서 가장 큰 규모의 할랄시장 가진 나라로 2021년 기준 2억4천만 명가량의 무슬림 인구를 기반으로 연간 1,840

한국식품을 살펴보는 인도네시아 무슬림여성

억 달러 규모의 할랄 상품과 서비스를 소비한다. '할랄'은 '허용된 것'이라는 뜻의 아랍어로 이슬람 율법에 부합하는 방식으로 제조·가공·유통 등이 이루어졌는지를 의미하며, 식품·화장품 등 재화뿐만 아니라 금융·서비스 등에도 적용이 될 수 있다. 세계 57개국 이슬람국가들이 결성한 국제기구인 이슬람협력기구(OIC)에 따르면, 인도네시아 내수 할랄시장 규모가 2025년까지 연평균 14.96%씩 성장할 것이라는 전망에 따라 할랄제품에 대한 수요가 점차 늘어날 것이다. 특히 인도네시아의 경우 식품, 의약품, 화장품 등 소비재 전반뿐만 아니라 제조공장, 설비, 금융 등에도 할랄 인증을 하며 경제활동 전반에 대해 할랄이 차지하는 비중이 크다.

할랄 제품에 대한 세계 무역에서도 인도네시아의 중요성이 부각된다. 2022년 발표된 Global Islamic Economy Report 2022에 따르면, 인도네시아는 2020년 연간 211억 달러의 할랄제품을 수입했고, 연간 85억 달러 규모의 할랄제품을 수출하며 세계 5대 할랄상품 교역국에 등극했다. 특히, 인도네시아 이슬람 최고의결기관인 울라마협의회(MUI)에서 자국 이슬람 상품수출을 증대하기 위해 할랄 수출상품 제조설비 등에 향후 3년간 51억 달러를 투자할 것이라 발표함에 따라, 앞으로 세계 할랄 교역시장에서 인도네시아의 비중이 커질 것으로 전망된다.

2020년 MUI에서는 인도네시아 할랄경제에 대해 7대 중점 육성산업을 선정하고, 정부에서 해당 분야에 대한 집중육성 및 적극적인 투자를 건의했고 정부에서 이를 수용했다. 정부에서는 이를 위해 2024년 10월부터 식품 분야를 시작으로 인도네시아에서 판매되는 모든 재화에 대해 할랄 인증여부를 의무화, 할랄 산업단지 조성 및 보조금 지급 등 여러 금전 및 비금전적 지원을 통해 국가 할랄경제 육성에 앞장서고 있다.

7대 할랄 산업 분야에 가장 큰 규모를 차지하는 것은 식품분야이며, 빠르게 성장하는 산업 분야 중 하나로 할랄 화장품이 떠오르고 있다. 인도네시아의 1인당 소득수준이 2021년 기준 4,349달러로 높아짐에 따라 개인 소비를 위해 사용할 수 있는 가처분소득이 증가하고 SNS(사회관계망서비스)를 중심으로 젊은 세대가 메이크업, 퍼스널 케어 등에 대한 관심이 높아짐에 따라 급속도로 커져가는 화장품 산업에 대한 할랄 경제 규모도 커져가고 있기 때문이다.

　인도네시아 정부는 2019년 '인도네시아 샤리아 경제 마스터플랜 2019-2024'를 발표하며, 정부 차원에서의 할랄경제 육성을 위한 로드맵을 제시하고, 정책 지원을 공고화했다. 해당 로드맵에는 첫째, 인도네시아 내 할랄 밸류체인 강화, 둘째, 인도네시아 내 샤리아 율법에 따른 금융활동 확대, 셋째, 할랄 제품 생산 및 서비스 제공에 종사하는 중소기업 육성, 넷째, 디지털 경제와 핀테크를 활용한 할랄경제의 대중화 등의 정책목표가 반영돼 있다.

　인도네시아 할랄산업 중에서 두번째로 규모가 큰 분야는 금융이다. 인도네시아 중앙은행에서 발표한 '이슬람 경제 및 금융 발전계획'에 따라 인도네시아 할랄 밸류체인(HVC) 육성을 위한 공적자금 투입, 샤리아 율법에 따른 금융활동을 위한 법과 제도 정비, 할랄산업 투자 확산을 위한 규제 해소 및 절차 간소화 등을 추진하며 이슬람 금융시장의 선두주자로 도약하기 위한 성장을 지속하고 있다. 이러한 정책의 일환으로 2021년 인도네시아 정부에서는 국가에서 제일 큰 규모의 샤리아 국영은행 3곳(BNI, Mandiri, BRI)을 병합해 자산규모 152억 달러 규모의 PT. Bank Syriah Indonesia Tbk를 설립했고, 이는 전 세계 샤리아 은행 중에서 10위 안에 드는 큰 규모로, 할랄경제 성장을 위한 정책자금 및 금융정책의 구심점으로 활용할 예정이다.

할랄 시장에 진입하기 위한 한국 기업들도 잰걸음을 하고 있다. 화장품 ODM(제조업자개발생산)업체 코스맥스는 2013년 인도네시아의 수도 자카르타 외곽에 공장을 설립하고, 2016년 현지 인증기관 MUI로부터 할랄 인증을 취득했다. 코스맥스는 할랄 인증 취득 전 현지에서 연간 17억원 수준의 매출을 올렸지만, 인증 취득 4년 만에 매출액이 23배 늘어 2019년에는 393억원을 벌어들였다.

이어 코스맥스 인도네시아는 2020년 프랑스 비건 인증기관인 이브(Eve)에서 비건 인증을 받았고, 유럽 4개국 5개 인증기관이 천연 유기농 화장품 기준을 하나로 통합한 국제 인증인 '코스모스 유기농' 생산 인증을 받았다. 코스맥스인도네시아는 한국 화장품의 기술력에 할랄 인증을 더해 K뷰티 현지화에 안착했으며, 할랄·비건·유기농 생산라인을 모두 갖췄다.

이처럼 할랄은 인도네시아 시장진출에 있어 선택이 아닌 필수사항이다. 우리 기업들이 더 이상 할랄을 수출길 앞에 놓인 허들이 아니라 1,840억 달러 인도네시아 할랄시장으로 통하는 새로운 창으로 바라보고, 새로운 기회를 창출해 나가길 기대한다.

◈ 인도네시아 신수도 사업 협력

인도네시아와 협력할 메가프로젝트가 있다. 2024년 1단계 완공을 목표로 총 340억 달러, 우리 돈 40조 원가량이 투입될 인도네시아 동부 칼리만탄 새 행정수도 이전 사업은 한국기업에게 새로운 기회로 떠오르고 있다. 신수도 메가프로젝트는 부동산 개발과 인프라스트럭처 사업에 정보기술을 결합한 스마트시티로 건설을 추진하고 있으며, 우리 정부와 기업도 아세안과 스마트시티 협력에 적극적인 만큼 이해관계가 맞아 떨어진다. 4차 산업혁명의 핵심 플랫폼인 스마트시티는 도시에 인공지능(AI) 등 첨단과학을 접목해 산업·환경·교통·범죄 등 다양한 문제를 해결하는 미래산업이다.

　이에 우리 정부와 기업이 잰걸음 을 보이고 있다. 2019년 9월 우리 정부기관인 행정중심복합도시건설청(행복청)과 인도네시아 공공사업주택부간 공식 '교류·협력 양해각서(MOU)'를 체결하기로 합의했고, 세종시 '행정도시' 건설 경험과 기술력을 공유하는 등 양국간 사업을 구체화하고 있다.

[이슈] 한국-인도네시아 항공자유화 협정

 ## 한국-인도네시아 항공회담

한-인니 항공회담이 2024년 1월 31일부터 이틀동안 인도네시아 바땀에서 열렸다. 주요 의제는 항공자유화협정이다. 회담 결과는 한국과 인도네시아가 비수도권 공항 간 직항을 위한 '일부 항공자유화협정 3·4 단계'를 체결했다. 다만, 인천~자카르타 공항은 이번 자유화 협정에서 빠졌다. 이번 한-인니 협정에서는 인도네시아 측 주장으로 인천과 자카르타의 노선은 항공자유화 협정 3·4단계가 적용되지 않으며, 당초 오가는 노선이 고정된 채로 주 23회로 고정됐다.

항공자유화 또는 오픈 스카이(Open Sky)는 항공협정에 대한 규제 철폐를

인도네시아의 관문 자카르타 수카르노하타국제공항

통해 시장기능에 항공 운수권을 맡기자는 정책이다. 항공자유화협정은 여러 단계로 이뤄지며, 항공자유화는 1단계부터 9단계까지 있다. 이 중 제3·4단계 항공자유화는 슬롯이 확보되면 자유롭게 노선을 개설할 수 있게 하는 것을 골자로 한다.

이번 협정으로 한국의 △부산 △대구 △청주 △제주 △무안 △양양 등 6개 지방공항과 인도네시아의 △바땀 △마나도 △롬복 △족자카르타 △발릭빠빤 △꺼르따자띠(서부자바) 등 6개 슬롯이 확보되면 자유롭게 노선이 개설될 수 있다.

이번 회담의 결과로 양국 6개 지방공항 간 항공자유화가 실현됨에 따라, 한국 지방공항~자카르타·발리 구간에서 각각 주 7회 등 운항횟수가 총 주 28회 증대된다. 그간 한국 지방공항~인도네시아 간 직항 노선이 없어, 인천공항에서만 출발해야 했던 큰 불편이 해소될 전망이다. 특히, 지방공항 활성화에 많은 도움이 될 것으로 기대된다. 또 성수기 동안 항공권 구매가 어려울 만큼 인기가 많은 발리 노선은 양국 지정항공사 간 공동운항(Code-share)을 통해 무제한 운항이 가능해져 소비자의 선택권이 크게 확대될 전망이다.

제3부

한국-인도네시아 수교 50년, 우정의 발자취

어려울 때 돕는 친구가 진정한 친구

"어려울 때 돕는 친구가 진정한 친구다. (A friend in need is a friend indeed)"라는 영어 속담이 있다. 인생을 살다보면 혼자 해결하지 못하는 일들이 생긴다. 곤란한 일은 물질적인 것일 수도 있고 정신적인 것 일수도 있다. 한국과 인도네시아 간 외교관계를 들여다보면, 인간관계나 비슷한 점이 많아 보인다.

일제의 항복으로 제2차 세계대전이 연합국의 승리로 끝나자, 1945년 8월 15일 우리 민족은 가혹한 일제 식민통치에서 벗어나 꿈에 그리던 광복을 맞이하게 되고, 1948년 8월 15일 대한민국 정부를 수립했다. 인도네시아는 일본이 2차대전에서 항복한지 이틀 후인 1945년 8월 17일 독립을 선언했다. 그러나 네덜란드는 이 독립선언을 인정하지 않고 재침략의 야욕을 드러냈다. 이에 인도네시아는 300여년 간 식민통치를 했던 네덜란드에 맞서 독립전쟁(Revolusi Nasional Indonesia)을 시작해, 4년 간 수많은 희생을 치른 끝에 주권을 넘겨 받았다. 네덜란드가 1949년 12월 27일을 인도네시아 독립일로 인정한 직후인 12월 30일 대한민국 정부는 인도네시아를 국가로 승인하며 관계를 맺기 시작했다. 양국은 1973년 수교한 이후 2023년 50주년을 맞았다. 그동안 양국은 어려울 때 서로 도움을 주고받으며, 50년 우정을 넘어 진정한 미래동반자 관계로 성숙하고 있다.

먼저 대한민국이 어려울 때 인도네시아가 손을 내밀었다. 2013년 한국 국방부 군사편찬연구소가 발행한 '6·25전쟁 시 국제사회의 대한(對韓) 물자지원 활동'이라는 보고서에 따르면 인도네시아가 6·25전쟁 기간 한국의 막대한 피해 손실 상황에서 민생안정과 전후 복구를 위해 재정을 지원했다.

인도네시아는 한반도 평화를 위해 중재자를 자처했다. 2002년 메가와티 수카르노푸트리 대통령은 그해 3월 28일부터 30일까지 방북하여 김정일 국방위원장과 김영남 최고인민회의 상임위원장을 만났다. 메가와티 대통령의 방북은 오래된 북한과의 인연 때문이다. 메가와티는 1965년 김일성 주석이 인도네시아를 방문하여 수카르노 대통령을 만났을 때 김정일을 함께 만난 바 있었다. 2002년 메가와티 대통령은 방북 후 서해 직항로를 통해 방한했으며, 3월 30일 김대중 대통령과 정상회담을 갖고 남북관계와 한반도 및 동아시아 등 지역정세, 국제무대에서의 협력 방안 등 공동 관심사에 대해 의견을 교환했다. 실현되지는 않았지만 김정일 위원장의 방한 의사 전달이 있었다.

2018년 8월 19일 붕카르노 주경기장에서 열린 자카르타-팔렘방 아시안게임 개막식에서 이낙연 총리와 리룡남 북한 내각부총리가 나란히 앉아 전 세계의 시선을 사로잡았다. 남북정상회담은 성사시키지 못했지만 조코위 대통령은 아시안게임 개회식 직전 이낙연 총리와 리룡남 북한 내각부총리와 삼자 환담을 하는 등 남북한 화해 분위기를 고조시켰다. 또 남북공동응원단은 자카르타에서 짧은 순간이나마 통일의 염원을 드러냈다.

인도네시아의 선의에 대한민국도 화답했다. 1977년 11월 30일에는 최각규 농수산부 장관과 사르워 에디 위보워 주한 인도네시아 대사가 양국 정부를 대표하여 쌀 대여 계약을 체결했다. 이는 같은 해 10월 인도네시아 정부가 쌀을 지원하여 줄 것을 한국 정부에 긴급히 요청하였기 때문이다. 당시 인도네시아는 심각한 자연재해로 식량이 부족하여 정치·사회적으로 불안한 상황이었다. 한국 정부는 인도네시아의 식량부족 해소를 위해 쌀 7만 톤을 대여하기로 신속히 결정했고, 같은 해 12월에 첫 선적이 이루어졌다. 쌀을 수입하던 한국이 외국으로 쌀을 대여한 것은 건국 이래 처음 있는 일이었다. 이는 새마을운동으로 한국의 영농기술이 획기적으로 혁신되었고, 연이은 풍작으로 주곡인 쌀이 자급선을 넘어서 가능한 일이었다.

2004년 12월 26일 인도네시아 아체주 서부 앞바다에서 발생한 지진으로 거대한 쓰나미가 발생해 인도네시아인 20만여명이 숨지거나 실종되는 대참사가 발생한 직후, 한국 정부와 비정부단체(NGO)는 발빠르게 인도적 지원을 펼쳤고 한국 해군 보급선이 현장에 필요한 중장비를 한국에서 피해지역까지 직접 실어 날랐다. 아울러 한국 정부는 코이카(KOICA, 한국국제협력단)를 통해 피해 지역에 병원과 학교를 지어주고, 쓰나미 예방을 위한 조기경보장치 설비와 맹그로브 숲 조성 등 복구와 피해 예방 활동을 지원했다. 앞서 1992년 9월 1일 코이카의 제1호 해외사무소가 인도네시아 자카르타에 개설된 것은 한-인니 양국 우호 관계를 상징하는 대표적인 사례로 언급된다.

2020년 코로나19 사태 속에서 한국은 인도네시아에 방역물품을 지원했을 뿐 아니라, 방호복으로 모범적인 협력을 이뤄내면서 인도네시아에서 한국이 '진정한 친구'임을 다시 확인했다. 당시 한국은 정부 차원에서 초기부터 인도네시아를 '긴급 인도적 지원 우선 파트너'로 선정하고, 50만달러 상당의 긴급 지원을 했다. 코로나 팬데믹 기간 한국과 인도네시아가 여러 가지 구체적인 협력을 이뤄냈으며, 대표적인 사례로 '방호복'을 꼽을 수 있다. 코로나19 사태 이후 인도네시아에서 의료용품은 수출금지 품목으로 지정됐다. 당시 주인도네시아 한국대사관은 인도네시아의 의료 장비가 수출금지품목으로 지정돼 '어떻게 예외를 만들까' 하는 과정에서 인도네시아가 절박하게 느끼고 있는 방호복 부족 현장을 같이 돕자는 아이디어를 내게 됐다. 인도네시아는 최일선 의료진들이 비닐 우비를 입고 환자를 이송·진료하는 등 방호복 부족으로 어려움을 겪고 있었다. 이에 한국 정부는 인도네시아에 진출한 한인 봉제업체들이 생산한 방호복을 국내로 들여오는 한편, 일부는 인도네시아 의료진에게 공급하는 협력 모델을 만들었다.

1997년 한국과 인도네시아에서 동시에 발생한 외환위기로 인도네시아 현지 한국 기업들도 위기를 맞는다. 이로 인해 인도네시아는 정치, 경제와 사회적인 격변기를 맞으며 혼란 상황에 빠지고 현지 한인사회도 불안정한 상황에 직면한다. 특히 1998년 5월에 일어난 사태로 한인 5천여명이 비상 탈출하고 외국기업들이 철수하는 상황이었지만 대부분의 한인 기업인들은 철수하지 않고 현지 직원들과 함께 직장을 지켜냈다. 이때부터 많은 현지인들은 자신들이 어려울 때 떠나지 않고 함께한 한국인을 '진정한 친구'로 여긴다.

한국과 인도네시아 간 정부와 민간 차원에서 '진정한 친구'로 협력한 미담은 수없이 많다. 마지막으로 결정적인 사건을 꼽자면, 1960년대 인도네시아 정부가 한국 기업에 산림개발을 허가해준 덕분에 한국 목재산업과 산업화가 꽃을 피우게 됐고, 다시 한국 기업이 인도네시아에 합판 제조공장을 세우면서 인도네시아도 합판산업을 키울 수 있었다. 이 외에도 다양한 분야에서 한국과 인도네시아는 서로에게 영향을 주고받으며 협력했고, 특히 어려울 때 양국의 협력은 더 빛났다. 어려울 때 돕는 친구가 진정한 친구다.

1장

태동기
: 인도네시아, 남북한 외교 각축장

◆ 초반 남한과 북한의 외교전 각축

대한민국은 1948년 정부 수립에 따라 외국의 국가 승인 및 자유우방과의 우호관계 증진에 1차적 목표를 두고 아시아 신생독립국과의 관계 구축에 적극적으로 나서게 되었다. 이러한 맥락에서 네덜란드가 1949년 12월 27일 인도네시아 독립을 인정하자, 사흘 후 대한민국은 인도네시아를 공식적으로 국가로 승인을 하였다.

동서냉전기인 1950년대 그리고 1960년대 초반, 북한은 비공산권 및 제3세계에 대한 외교공세를 펼친다. 특히 비동맹운동 창설의 중심적 역할을 한 인도네시아와의 우호관계 구축에 매우 적극적으로 나서게 된다. 이에 따라 북한-인도네시아 간에는 외교관계 수립, 정상 간 교류 등 관계 개선이 빠르게 진행되었다.

북한-인도네시아 간에는 1958년 8월 주인도네시아 북한 무역대표부가 개설되었고 인도네시아 예술사절단 북한 방문, 1959년 6월 인도네시아-북한 친선협회 구성, 1960년 6월 인도네시아 언론인 북한 방문, 1961년 6월 주인도네시아 북한 총영사관 개설, 1964년 4월 대사급 외교관계가 수

1964년 대한민국 산림조사단이 수카르노 대통령을 예방했다. 오른쪽부터 최계월 회장, 농림부 산림국장, 수카르노 대통령, 박영 외무부경제과장, 이병순 산업은행 부장

립되었다.

정상 간 교류에서는 1964년 수카르노 대통령이 북한을 방문한데 이어 1965년 4월 김일성 주석의 인도네시아 답방이 이루어졌다(김정일 동행). 북한과 비교해 남한은 1981년 6월 전두환 대통령의 인도네시아 방문과 1982년 수하르토 대통령의 방한이 정상 간 첫 교류였다

1964년 수카르노 대통령 방북 시 김일성 주석은 제국주의와 신식민주의에 맞서 압박을 받은 민족들의 공동전선을 형성할 필요성에 관한 공동성명을 발표하였다. 1965년 김일성 주석의 인도네시아 방문은 그의 첫 번째 비공산국가 방문이었다는 점에서 당시 북한이 인도네시아와의 외교관계 개선에 두었던 중요성을 가늠할 수 있다.

인도네시아가 비동맹운동 창설의 기초가 되었던 1955년 반둥회의(Bandung Conference 또는 Asian-African Conference, 북한은 불참)를 주도하면서부터 북한은 인도네시아의 외교적 중요성을 더욱 인식하게 되었다. 1956년 김일성 주석은 반둥회의에서 채택된 원칙들을 언급하면서 비공산권 국가들과의 외교관계 유지의 중요성과 관심을 나타내기 시작했다.

◆ 주인도네시아 한국총영사관 설립

1950년대부터 1960년대 초까지 북한과 인도네시아 관계가 빠르게 발전한 반면, 대한민국과 인도네시아의 관계는 속도를 내지 못하고 있었다. 하지만 이러한 상황 속에서도 양국 간 고위급 인사 교류가 처음으로 이루어지는 등 양국 간 관계개선이 시작되었다.

1962년 7월 6일 한국 외무부 문서에는 1960년 6월 인도네시아 측은 한국 친선사절단 방문을 거부하였으며, 1962년 3월에도 한국 경제사절단 입국을 거부한 것으로 기록되어 있다. 이는 1961년 북한-인도네시아 영사관계수립과 1964년 대사급 외교관계 수립 등 북한과의 관계가 빠르게 진전됨에 따라 인도네시아 측이 남한과의 관계 구축에 부담을 느낀 조치로 보여진다.

그럼에도 불구하고 문화·스포츠 차원에서는 일부 교류가 이루어졌다. 1962년 4월 이상백과 월터 정이 아시아올림픽 상임위원회 참석을 위해 인도네시아를 방문하였는데, 당시 이루어진 인도네시아 체육장관 말라디(Maladi)와의 면담에서 수카르노 대통령에게 한국과의 외교관계 수립을 건의하겠다는 약속을 받아낸다. 1962년 5월에는 한국축구단이 방문하여 친선경기가 열렸다.

북한-인도네시아 관계가 진전되는 상황 하에서 남한 정부 고위인사의 인도네시아 방문이 이루어지지는 못했으나, 1960년대 초 경제적 차원에서 한국 기업의 주도로 양국 고위인사 간 접촉이 이루어지게 된다. 당시 산림개발을 위해 인도네시아에 진출했던 ㈜한국남방개발(현 KODECO) 최계월 회장은 한국 기업인으로는 최초로 1962년 1월 수카르노 대통령을 예방하였으며, 1962년 2월 일본 도쿄에서 김종필 중앙정보부 부장과 수카르노 대통령 간 극적인 만남을 주선했다.

한편 1964년 한국 정부 인사로는 최초로 산림조사단(단장 심종섭)이 인도네시아를 방문하여 최계월 회장과 함께 수카르노 대통령을 예방

1964년 인도네시아 여당 수비안또 간사장과 수카르노 대통령 양녀 사디킨 여사가 산림협회 협의를 위해 방한해 박정희 대통령을 예방했다. 오른쪽부터 이후락 비서실장, 박정희 대통령, 수비안또 간사장, 사디킨 여사

하였다. 1964년 인도네시아 여당 수비안또 간사장과 수카르노 대통령 양녀 사디킨 여사가 산림협회 협의 차 방한하여 박정희 대통령을 예방했다.

1965년 인도네시아 정변(9.30사태/G30S)으로 인도네시아공산당(PKI: Partai Komunis Indonesia)이 붕괴되고 친미·반공 노선의 수하르토 정권이 들어서면서 인도네시아 북한 간의 친선관계가 약화되었다. 이에 따라 한국과 인도네시아 관계개선의 환경이 조성됐다.

인도네시아 국가승인 이후 17년만인 1966년 12월 한국 정부는 당시 주태국 이창희 공사(후에 인도네시아 초대 총영사로 발령)를 자카르타에 파견하여 한-인니 양국 간 영사관계 수립에 합의하고 자카르타에 총영사관을 개설하였다.

1966년 당시 한국 정부는 대외관계에 있어서 북한이 외교관계를 체결하고 있는 국가와는 외교관계를 맺지 않는다는 할슈타인 원칙(Hallstein Doctrine)을 고수하고 있었으므로 북한 공관이 이미 상주하고 있던 자카

르타에 한국 총영사관을 개설하는 것은 이례적인 일이었다. 그러나 당시 한국 정부의 대동남아 외교 공세 강화로 북한이 위축되어 있고, 1965년 인도네시아 정변으로 북한의 활동이 극히 위축된 상태에 있어 한국 총영사관 개설이 적절할 것으로 판단했다.

인도네시아는 2년 뒤인 1968년 서울에 총영사관을 개설하고 수깜또 사이디만(Soekamto Sayidiman)을 초대 총영사로 파견하였다. 제2대 총영사는 베니 무르다니(Leonardus Benny Moerdani)로 현지 한인들에게는 잘 알려진 인물이며, 1973년 양국 관계가 대사급으로 격상하면서 대리대사로 근무했다.

[인물] 인도네시아의 지한파 장군

베네 무르다니
인도네시아 현대사의 주역

베니 무르다니 장군

인도네시아가 독립 이후 격변기를 겪을 때마다 주역으로 등장하는 베니 무르다니(1932~2004년) 장군은 한국과 매우 인연이 깊은 대표적인 지한파 인사 가운데 한 명이다.

베니 무르다니는 1971년 당시 육군 대령으로 제2대 주한 인도네시아 총영사로 부임하면서 한국과 인연을 맺는다. 그는 3년여 동안 한국에 머물면서 한국 문화와 언어를 배우고 한국인과 친근하게 지냈다. 1973년 양국 관계가 대사급으로 격상하면서 현역 군인 신분으로 대리대사로 근무했다.

1932년 중부자바 지역에서 태어난 베니 무르다니는 1956년 육군 소위로 임관, 1961년 미국에서 특수전 교육을 받은 후 줄곧 특전사 장교로 최전선에서 임무를 수행했다. 수카르노 정권 당시인 1958년 수마트라와 술라웨시에서 일어난 '인도네시아공화국 혁명정부(PRRI)' 반란 사건, 1964년 말레이시아와의 대결정책, 1961년 이리안자야(현 서부파푸아) 머라우께 지역 군사작전 지휘, 1965년 공산당 쿠데타 9.30정변 등 격변기에 주요 역할을 수행했다.

수하르토 정권에서 1974년 다나카 일본 수상의 인도네시아 방문 시 발생한 반일 폭력시위인 말라리(Malari)사태, 1975년 동티모르 사태, 1981년 가루다항공 납치 사건 관련 태국 공항에 특수부대 파견, 1984년 딴중쁘리옥 이슬람사원 사태 등 인도네시아 현대사의 주요사태를 진두지휘한 주인공이다.

　1974년 1월에 본국으로 귀임해서는 국방부 정보국장, 통합군사령관, 국방부 장관 등 핵심 요직을 맡았다. 수하르토 정부의 군부 실세였던 베니 장군은 인도네시아 한인들과 가깝게 지내면서 한국기업을 후원했으며, 현지 한인들과 교분관계가 두터웠다. 한국의 탄약과 전투복 등 방산제품 수입과 한국의 마두라 유전 개발 참여에 큰 역할을 하는 등 양국 군사 및 경제 발전에 크게 기여했다.

　수하르토 정부의 실력자이자 2인자였던 베니 장군은 1993년 수하르토 대통령의 6선 연임을 앞두고, 수하르토의 사위인 프라보워 수비안토(현 대통령 당선인)과의 경쟁과 수하르토 정권과 관계가 소원해지면서 정치 일선에서 물러나게 된다.

2장

초창기
: 대사급 관계 수립 및 양국 정상 방문

◆ **협력과 신뢰의 토대 마련**

　1973년 9월 18일, 한국과 인도네시아는 공식 수교했다. 이는 국제사회에서 북한을 압도하고 한국의 우위를 확보하기 위한 적극적 외교의 구체적인 사례로 평가된다. 이로써 인도네시아는 아시아 국가 가운데 남·북한이 대사관을 한 곳에 개설한 첫 번째 국가가 되었다. 당시 비동맹 중립국 진영에서 중심 역할을 하고 있던 인도네시아와의 정식 수교는 한국 정부가 비동맹 중립국과 관계를 개선하고 이들의 지지를 획득하는데 큰 영향을 미칠 것으로 기대되었다.

　1981년 6월 한국 대통령으로는 처음으로 전두환 대통령이 인도네시아를 방문해 양국 관계 발전과 경제협력 방안을 폭넓게 논의하였다. 이듬해 1982년 10월에는 수하르토 대통령의 답방이 있었는데, 이는 인도네시아 대통령으로는 최초의 한국 방문으로, 양국의 협력과 신뢰 관계를 재확인하는 계기가 되었다.

　이 시기 동안 한국 기업의 진출도 활발히 이루어졌다. 초창기 산림개발 업체들의 뒤를 이어 미원, 한일자야(한일시멘트 현지 철강회사) 등 제조업체

1974년 5월 14일 박정희 대통령은 청와대에서 사르워 에디 위보워 주한대사로부터 신임장을 제정 받았다.

들이 진출했다. 건설 분야에서도 삼환기업, 신한기공, 대림산업, 현대건설, 경남기업 등 한국 기업의 진출이 활발하였다. 동포들의 자녀 교육을 위한 자카르타 한국학교도 이 시기에 설립되었다.

1973년 9월 18일, 한국과 인도네시아의 총영사관이 대사관으로 승격됨에 따라, 양국 정부는 각각 김좌겸 총영사와 베니무르다니 총영사를 대사대리로 임명하고 이를 통보하였다. 1973년 10월 23일 한국 정부는 김좌겸 주자카르타 총영사를 초대 인도네시아 대사로 발령했다. 인도네시아는 1974년 4월 18일 초대 주한 인도네시아 대사에 사르워 에디 위보워(Sarwo Edhie Wibowo)를 임명했다.

◆ 초창기 군사 관계 및 인도네시아에 쌀 지원

한국과 인도네시아 군사 관계는 1970년대 초 군 고위급 인사의 상호 방문으로 시작되었다. 1970년 10월 인도네시아 안보·질서회복사령관 빵가베안(Panggabean) 장군 일행이 심흥선 합참의장의 초청으로 방한하여 군사회담을 가졌다. 1972년 1월에는 인도네시아군의 초청으로 서종철 육군참모총장 일행이 인도네시아를 방문하였다.

1973년 5월에는 옥만호 공군참모총장이 인도네시아를 방문하였고, 1973년 8월에는 바사라(Basarah) 인도네시아 공군참모총장이 답방했다.

양국 군 고위급 인사의 교류가 활발해짐에 따라 1974년에는 주재 국방무관이 주인도네시아 대사관에 파견되었다.

1977년 11월 30일에는 최각규 농수산부 장관과 사르워 에디 위보워 주한 인도네시아 대사가 양국 정부를 대표하여 쌀 대여 계약을 체결하였다. 이는 같은 해 10월 인도네시아 정부가 쌀을 지원하여 줄 것을 한국 정부에 긴급히 요청하였기 때문이다. 당시 인도네시아는 심각한 자연재해로 식량이 부족하여 정치·사회적으로 불안한 상황이었다.

한국 정부는 인도네시아의 식량부족 해소를 위해 쌀 7만 톤을 대여하기로 신속히 결정하였고, 같은 해 12월에 첫 선적이 이루어졌다. 쌀을 수입하던 한국이 외국으로 쌀을 대여한 것은 건국 이래 처음 있는 일이었다. 이는 새마을운동으로 한국의 영농기술이 획기적으로 혁신되었고, 연이은 풍작으로 주곡인 쌀이 자급선을 넘어서 가능한 일이었다.

◆ 양국 정상 최초 상호국가 방문

1980년대 한국 정부는 신장된 국력을 바탕으로 외교 다변화를 적극 추진하였다. 전두환 대통령은 한국 대통령으로는 처음으로 1981년 6월 25일부터 7월 9일까지 아세안 5개국(인도네시아, 말레이시아, 싱가포르, 태국, 필리핀)을 공식 방문하였다. 아세안의 첫 방문지는 인도네시아였고, 이는 한국 국가원수로는 최초의 방문이었다.

전두환 대통령과 수하르토 대통령은 정상회담 후 공동성명에서 동북아와 동남아의 평화와 안전은 상호 긴밀한 관계를 가지며 나아가 전 세계의 평화 및 안정이 유지를 위해 필요 불가결하다는 점에 견해를 같이하고, 인도네시아 정부는 전두환 대통령이 제의한 남북 최고책임자 회담과 한국 정부의 남북한 유엔 동시가입 입장에 대한 지지를 표명했다.

1982년 10월 전두환 대통령과 수하르토 대통령의 정상회담. 수하르토 대통령이 인도네시아 대통령 최초로 방한했다.

양국 대통령은 두 나라가 경제적으로 상호보완관계에 있으며 그러한 보완관계를 발전시키는 것이 서로에 도움이 된다는 점을 인정하고, 이런 바탕에서 무역과 투자 등 경제협력을 더욱 강화해 나가기로 했다.

1982년 10월 16일 수하르토 대통령이 전두환 대통령의 초청으로 나흘 일정으로 공식 방한했다. 수하르토 대통령의 방한은 인도네시아 대통령으로서는 최초의 한국 방문이었다. 또한 수하르토 대통령의 방한은 1981년 전두환 대통령의 아세안 5개국 순방 이후 아세안 지도자로서 최초의 답방이었다.

수하르토 대통령은 한반도의 평화적인 통일 달성을 위한 한국의 노력을 높이 평가하면서 남북 간의 직접회담을 지지한다고 밝혔고, 남북한 유엔 가입의 조속한 실현을 위한 지원을 약속했다.

전두환 대통령은 태평양지역 내 개발도상국 간 협력 증진의 표시로 한국 정부가 인도네시아 내에 직업훈련센터를 설립하는데 협력할 의향이 있음을 표명했으며, 양국 대통령은 민간 부문 합작사업의 증진을 장려하기로 했다.

◈ 한국과 인도네시아 지방자치단체 자매결연

1984년 7월 25일 염보현 서울시장이 자카르타를 방문 수쁘랍또

(Suprapto) 자카르타 주지사와 자매결연 조인식을 개최했다. 이는 양국 지방정부 간 최초의 자매결연이다. 이에 따라, 1985년 6월에는 인도네시아 민속예술단의 서울공연이 있었고, 같은 해 10월에는 서울시립무용단이 자카르타를 방문하여 부채춤과 살풀이 공연을 선보였다.

최근 한국과 인도네시아는 지방자치단체와의 결연도 활발하게 진행 중이다. 서울-자카르타 이외에도 발리주-제주특별자치도, 수라바야-부산광역시, 동부자바주-경상남도 등 2022년 현재 28개 지자체가 자매(우호) 결연을 맺고 있으며, 매년 지방자치단체 간의 경제·문화 교류가 확대되는 추세이다.

[인물] 초대 주한 인도네시아 대사

 사르워 에디 위보워
"한국을 닮으라"

 1974년 4월 18일 사르워 에디 위보워(Sarwo Edhi Wobowo) 초대 주한 인도네시아 대사가 임명돼 4년간 근무한다. 중부자바주 뿌르워레조에서 태어난 사르워 에디 대사(1925~1989)는 네덜란드 강점기에 귀족 집안에서 태어났다. 그는 인도네시아를 침략한 일본군이 설립한 조국수호의용대(PETA, Pembela Tanah Air)에 자원하면서 군인으로 성장한다.

 1965년 공산당이 주도한 쿠데타인 9·30사태(G30S)를 당시 수하르토와 함께 진압하면서 수하르토 정권의 1등 공신으로 권력의 정점에 오르기도 했으나, 지역사령관과 인도네시아국군사관학교(Akademi TNI) 교장을 역임한 후 전역한다. 사르워 장군은 사관학교장 당시 수실로 밤방 유도요노 후보생을 수석 졸업생으로 배출했다. 육군 장교로 임관한 유도요노는 훗날 사위가 되며 인도네시아 대통령이 된다.

사르워 에디 위보워 장군 가족사진

 주한 인도네시아대사관은 당초 서울 이태원의 한 임대주택에 있었는데, 박정희 대통령이 오피스빌딩과 아파트 등 개발 초기 단계에 있었던 여의도에 공관용 부지를 분양해주어 지금은 엄청난 자산가치를 지니고 있다. 박정희 대통령은 사르워 에디 대사를 청와대로 자주 불러 친분을 쌓은 것으로 알려져 있다.

사르워 에디 대사의 7남매 가운데 셋째 딸인 크리스티아니(Kristiani Herawati) 여사는 한국에 사는 동안 한국어와 한국 문화를 배우고 익힌 지한파로 알려져 있다. 사르워 에디 대사가 한국에 근무하던 시기에 아니 여사는 당시 1973년 위관급 장교였던 수실로 밤방 유도요노 중위와 결혼했다. 2004년 인도네시아 최초 직선제로 유도요노 대통령이 당선되면서 한국과 인도네시아 관계는 정치와 경제는 물론 방위산업에 이르기까지 양국 협력이 더할 나위 없이 가까웠다.

2019년 별세한 아니 여사는 1973년 자카르타 소재 인도네시아기독교대학교(UKI) 의과대학에 입학했으나 3학년 때 학업을 중단하고 아버지가 근무한 한국에서 생활했다. 이후 1998년 인도네시아 개방대학교(Universitas Terbuka) 정치학과를 졸업했다. 아니 여사가 부모와 함께 서울에서 생활을 할 당시 유도요노 중위가 미국 단기 교육을 마치고 귀국하면서 서울을 경유하여 약혼자인 아니 여사를 만난 일화는 큰 화제가 됐다. 두 사람은 1976년 결혼해 두 자녀를 뒀다. 장남 아구스 하리무르띠 유도요노는 육군 소령으로 예편해 정치인으로 활동하고 있으며 조코위 정부에서 농지공간기획부 장관을 맡고 있다. 차남 에디 바스꼬로 유도요노 역시 정치인으로 활동하고 있다.

한국과의 인연에 대해, 유도요노 전 대통령은 사르워 에디 장군이 주한 대사로 재직할 당시 예비 사위였던 자신에게 "한국 국민의 역동성과 자립 의지에 감동을 받았다. '한국을 닮아라.'"라고 말했다고 회고했다.

3장

성장기
: 양국 협력관계 역동적으로 발전

◆ 양국 협력 확대와 가시적 성과

이 시기(1988~2003년)에는 양국 간 실질 협력 확대를 지원하기 위한 제도적 틀을 정비하고 새로운 단계로 도약하기 위한 발전 동력이 만들어졌으며, 다방면에서 양국 간 협력 관계가 역동적으로 발전하였다.

정상외교 측면에서 노태우 대통령, 김영삼 대통령, 김대중 대통령의 인도네시아 방문과 압두라흐만 와히드 대통령, 메가와티 수카르노푸트리 대통령의 방한이 이루어짐으로써 이전에 비해 정상 간 상호방문이 활발해졌고 이를 통해 양국 간 협력의 폭이 더욱 넓어지게 되었다.

1987년 이후 한국 내 민주화와 노조운동 격화, 급격한 임금 상승에 따라 봉제, 신발 등 노동집약산업의 해외 진출이 가속화되었고, 인도네시아가 주요 투자 대상지로 부상했다. 이에 한국 기업의 진출 지원을 위한 투자 관련 협정들이 체결되었고, 양국 항공사의 취항도 이루어졌다.

◆ 수하르토, 한국의 발전모델 적용 희망

노태우 대통령이 1988년 11월 8일부터 닷새 동안 인도네시아를 공식 방문했다. 노 대통령과 수하르토 대통령은 정상회담에서 서부수마트라 주도 빠당(Padang) 시 도로 건설 등 인프라 구축을 한국 정부가 유상지원 하기로 하는 한편, 인도네시아의 제5차 경제개발 5개년계획(1989~1993년) 에 한국의 자본 기술이 참여하기로 합의하였다. 또 한국 기업의 인도네 시아 진출을 지원하기 위한 제도적 장치의 하나로 투자보장협정의 조기 타결 및 자원 공동 개발을 장려하기로 했다.

노 대통령의 방문은 당초 8월로 추진되었으나 서울올림픽 일정으로 연기됐다. 방문 기간 중 양국 정상이 골프를 치면서 정상회담에서 하지 못했던 얘기를 나누었고, 수하르토 대통령은 "우리는 한국의 개발 경험 을 본받고 한국의 발전 모델을 우리에게 적용시키고 싶다"면서 "한국의 발전은 곧 우리의 자랑이고 보람"이라고 피력했다.

1989년은 한국이 동남아 외교에 있어서 전기가 마련된 해이다. 북미 및 유럽의 지역 경제공동체가 배타적 경향을 보이자, 아태지역의 국가 들도 무역 자유화 및 협력 강화의 필요성을 절감하게 되었다. 이에 따라,

1988년11월10일 노태우 대통령과 수하르토 대통령이 자카르타 대통령궁 서재에 서 정상회담을 하고 있다.

1989년 1월에 아시아·태평양 경제협력체(APEC) 각료회의가 창설되었고, 1993년부터는 정상회의로 발전한다.

1989년 11월 2일 최호중 외무장관이 아세안사무국에서 알리 알라따스(Ali Alatas) 인도네시아 외무장관(당시 아세안 상임위원장)과 한-아세안 협의체제 출범을 위한 합의각서에 서명함으로써 한국은 통상·투자·관광 부문의 대화상대국으로 지정되었고, 2년 후인 1991년에 완전 대화상대국으로 격상되었다.

노태우 대통령과 수하르토 대통령은 1992년 9월 24일 뉴욕에서 열린 유엔총회에서 다시 만났다. 노태우 대통령은 북한 핵개발이 가장 심각한 문제라고 지적하고, 핵 개발 저지를 위한 인도네시아의 협력을 요청하였다.

◆ KOICA 최초 해외사무소 설립

인도네시아는 1990년 한국이 최초의 봉사단원을 파견한 국가의 하나이고, 1991년 KOICA가 설립된 후 최초로 개도국에 설립된 2개의 해외사무소 중 하나일 정도로 한국 개발협력에서 중요한 위치를 차지해 온 국가이다.

인도네시아는 KOICA의 중점 파트너 국가 중 하나이다. 30년이 넘는 기간 동안 KOICA는 인도네시아에 2억3천만 달러에 달하는 다양한 무상원조 사업을 실시하여 왔다. 1992년 사무소 설립 이래 4천여명의 현지 공무원의 한국 초청연수, 4,500명의 한국 봉사단원 및 전문가의 인도네시아 파견 활동, 70여개의 프로젝트 및 많은 시민사회단체 및 기업 지원 사업을 통하여 인도네시아 경제와 사회 발전을 지원해 오고 있다.

KOICA 인도네시아 사무소는 우리 정부의 개발원조 정책과 인도네시아의 중장기 국가개발정책(RPJMN)에 부합하는 사업을 발굴하고 추진해 나가는 노력을 지속해 나가고 있다. KOICA 각종 협력 사업이 일차적으로 인도네시아의 국가 발전과 국민의 복지를 향상시키고, 한발 더 나아가 한국과 인도네시아 간 우의와 신뢰를 높이고 양국간의 경제, 문화 등 모든 분야에서의 교류가 촉진되고 확대되는 데 기여하고 있다.

◈ 인도네시아 외교·안보·경제 협력 강화

김영삼 대통령은 제2차 APEC(아시아태평양경제협력체) 정상회의(1994년 11월, 보고르) 참석 직전에 인도네시아를 국빈 방문해 수하르토 대통령과 정상회담을 개최했다. 양국 정상은 북한 핵문제 해결 관련 협조, 액화천연가스(LNG)의 안정적 공급 확보에 대해 중점적으로 협의했다. 북한 핵문제와 관련하여 김영삼 대통령은 제네바합의로 해결의 기반은 마련되었으나 북한의 합의사항 이행이 중요함을 강조하였다. 수하르토 대통령도 북한이 합의사항을 성실히 이행해야 할 것이라고 지적하면서 남북대화가 재개되어 한반도의 평화와 안정이 이루어지기를 바란다고 언급했다.

인도네시아산 LNG 수입과 관련하여 김영삼 대통령은 안정적인 공급뿐만 아니라 가격 합리화도 중요하다고 언급하였으며 수하르토 대통령은 공감을 표하고 실무 차원에서 검토하겠다고 밝혔다. 정상회담 개최 하루 전에는 양국 과학기술 담당 상관 간 원자력협력의향서 서명이 있었다. 김영삼 대통령은 귀국 후 11월 23일 수하

1994년 11월 김영삼 대통령과 수하르토 대통령이 자카르타 대통령궁에서 환담을 했다.

2000년 11월 28일 인도네시아 자카르타에서 김대중 대통령이 인도네시아 압둘 라흐만 와히드 대통령을 접견하여 한·인도네시아 정상회담을 하였다.

르토 대통령과의 전화 통화를 통해 정상회담 성과와 수하르토 대통령의 APEC 의장 역할을 평가하고 인도네시아의 LNG 가스 공급에 대해 재확인했다.

김대중 대통령 재임 기간 중에는 자유민주주의와 시장경제의 병행 추진이라는 공동의 가치에 입각해 새로운 협력관계 발전을 위한 고위급 교환방문이 지속적으로 이루어졌다. 1999년 11월 27일 아세안+3 정상회의 참석차 필리핀 마닐라를 방문 중이던 김대중 대통령과 압둘라흐만 와히드 대통령이 정상회담을 가졌다. 김대중 대통령은 동티모르 독립을 승인한 인도네

2002년 3월30일 청와대에서 김대중 대통령이 메가와티 수카르노푸트리 대통령을 만나 한.인도네시아 확대 정상회담을 가졌다.

시아 정부의 용단을 높이 평가하고 한국군의 동티모르 파병이 지역 안정에 기여할 것임을 강조했다. 와히드 대통령은 동티모르와는 달리 아쩨는 역사와 현실적으로 인도네시아 영토의 일부라고 언급하면서 독립 반대 입장을 명확히 했다. 한국군의 동티모르 파병에 대해 인도네시아 동포들은 한국 언론에 반대 광고를 게재하기도 했다. 한국 정부는 동티모르 파병이 유엔과 인도네시아 정부의 공식 요청에 따른 것으로 동티모르 평화를 유지하기 위해 내린 결정이라는 점을 분명히 했다.

◆ 메가와티 대통령의 남북 동시 방문

2000년 2월 와히드 대통령이 방한했는데, 이는 1982년 수하르토 대통령의 방한 이래 인도네시아 정상의 첫 방한이었다. 정상회담에서 양국 대통령은 양국 간 우호협력 관계 증진, 동아시아 경제위기 극복을 위한 공동 노력, 한반도를 비롯한 지역정세 등에 관해 논의했다.

메가와티 수카르노푸트리 대통령은 2002년 3월 28일부터 30일까지 방북하여 김정일 국방위원장과 김영남 최고인민회의 상임위원장을 만났다. 메가와티 대통령의 방북은 오래된 북한과의 인연 때문이다. 1965년 김일성이 인도네시아를 방문하여 수카르노 대통령을 만났을 때 김정일을 함께 만난 바 있었다. 메가와티 대통령은 방북 후 서해 직항로를 통해 방한했으며, 3월 30일 김대중 대통령과 정상회담을 갖고 남북관계와 한반도 및 동아시아 등 지역정세, 국제무대에서의 협력 방안 등 공동 관심사에 대해 의견을 교환했다. 결국 실현되지는 않았지만 김정일 국방위원장의 방한 의사 전달이 있었다. 또 정보기술 분야에서 협력을 강화하기로 했으며, 형사사법 공조조약과 자원협력 협정 관련해 서명이 이루어졌다.

[인물] 인도네시아의 지한파 경제·정치인

소피안 와난디
진정한 활동가·사업가

소피안 와난디

2020년 1월 17일 자카르타한국국제학교(JIKS)에서 열린 '최계월 초대 재인도네시아 한인회장이자 코데코(KODECO) 그룹 회장 흉상 제막식과 장학금 전달식'에 참석한 소피안 와난디(Sofyan Wanandi) 회장은 고 최계월 회장을 회고하면서, "나는 미스터 초이(Mr. Choi)를 1968년에 처음 만났다"라며 한국 기업과의 오랜 인연을 밝혔다. 1968년은 그가 운동권에서 벗어나 정치인으로 첫 발을 내딛은 시기였고, 한국 최초의 해외투자법인 코데코사가 설립된 해이다.

소피안 와난디는 사업가이자 정치활동가로 인도네시아에서 독특한 위치를 갖는 인물이며, 자연스레 한국 기업의 길잡이가 됐다.

소피안은 지한파 인사인 베니 무르다니 장군의 보좌관이 되어 베니 장군의 행보를 따르면서 한국 기업에 도움을 주게 된다. 2차 오일쇼크 직후인 1981년 11월 16일에 박봉환 한국 동력자원부 장관에게 원유 대신 액화천연가스(LNG)를 도입하라고 제안해서, 한국이 해외에서 LNG를 수입하게 되는 효시가 되었다. 박 장관은 대통령특사 자격으로 원유를 추가로 도입하기 위해 인도네시아를 방문했다. 소피안의 제안에 따라 1983년에 한국가스공사와 인도네시아 국영에너지회사 뻬르따미나는 연간 230만 톤의 LNG를 한국에 수출하는 계약을 체결한다. 이 계약에 따라 1986년 10월부터 20년 간 인도네시아는 LNG를 한국에 수출했다.

소피안은 2008년부터 2013년까지 5년 간 인도네시아 경영자총연합회(Apindo) 회장을 역임하며, 한인기업들에 대한 도움과 협력을 아끼지 않았다. 소피안은 뛰어난 친화력으로 중국계 인도네시아 사업가들의 대변자가 됐고, 특히 인도네시아 투자자와 외국인 투자자를 포함한 기업인들과 정부 사이를 원만하게 중재하면서 인도네시아 사업 환경을 개선하고 국가 간 교역을 늘리는데 기여했다는 평가를 받는다.

서부 수마트라 사와룬토(Sawahlunto)에서 출생한 소피안은 그곳에서 중학교까지 마친 후, 자카르타로 이주해 가톨릭계 까니시우스(Canisius) 고등학교와 인도네시아국립대학(UI) 상과대학을 졸업하였다.

'66세대' 운동권 출신인 소피안은 수하르토의 측근인 알리 무르또뽀(Ali Murtopo)와 수조노 후마르다니와(Sudjono Hoemardani)와의 친분으로 불과 26세의 나이에 66세대 운동권 동료 10명과 함께 국회(DPR) 의원이 된다. 신군부는 930사태(공산당 쿠테타, 1965. 9. 30) 후 수하르토 정권 탄생에 기여한 66세대 운동권들이 정계로 진출할 수 있도록 배려했다.

한편 930사태 후 소피안은 림 비안 쿤(Liem Bian Khoen)이라는 중국식 이름을 소피안 와난디(Sofjan Wanandi)로 개명했다. 930 사태 관련 재판에서 배후에 중국이 개입되었다는 사실이 속속 드러나며 반중 데모가 격해지자, 화교인 소피안의 입장이 난처해졌기 때문이다.

앞서 소피안은 1965년에 학생운동에 깊이 참여했다. 당시 학생운동단체에서 그와 함께 활동했던 66세대 인사들에 따르면, 1960년대 중반 공산주의자들이 부상하던 시기에 많은 중국인들이 공산주의자로 몰릴까봐 숨는 쪽을 택했으나, 소피안은 선두에 서서 수카르노 정부를 비판했다.

한편 소피안은 1974년 1월 15일 발발한 반일 소요사태를 겪으며 화교 출신 정치인의 한계를 절감하고 정치에서 완전히 손을 떼고 이후 사업에만 전념하게 된다. 일본과의 합작사인 유아사(Yuasa) 밧데리사를 주력으로 삼아 굴지의 기업군인 게말라 그룹(Gemala Group. 현 산띠니그룹(Santini Group))으로 성장시켰다. 산띠니그룹은 보험사, 차량용 배터리 제조, 제약 등 분야에서 1만5천 명을 고용할 정도로 대기업이다.

정치가로서 소피안은 초대 대통령인 수카르노, 이어 수하르토, 압두라흐만 와히드, 메가와티 수카르노푸트리, 수실로 밤방 유도요노, 조코 위도도 등 모든 인도네시아 대통령들 앞에서 가슴을 펴고 당당히 설 수 있었던 인물이다.

소피안은 수하르토 정부의 싱크탱크라 불리던 전략국제문제연구소(CSIS)에 참여, 인도네시아의 경제발전 방향과 정책을 제시하는 역할을 했다. 소피안의 친형인 유숩 와난디는 CSIS의 공동 설립자이다.

여든을 넘긴 소피안은 지난 2014년부터 5년간 유숩 칼라 부통령의 경제자문팀의 수장으로 활동했으나, 이제 산띠니그룹의 경영권을 두 아들에게 넘겨주고 국가 경제의 중대 사안을 자문하는 역할을 하고 있다.

소피안은 정곡을 찌르는 날카로운 비평으로 상대방을 당혹스럽게 만드는 인물이다. 스리 물야니 인드라와띠 재무장관도 소피안의 혹평에 상처를 받은 사람 가운데 하나다. 유도요노 정부에서 개혁의 선봉에 섰던 스리 물야니는 "소피안의 쓴소리는 종종 나를 북돋우기보다는 무기력하게 만들었다. 그의 말을 듣고 있으면 우리(재무부)가 하는 일이 모두 옳지 않고 우리의 노력은 항상 충분하지 못한 것처럼 느껴졌다"며 "하지만 실제로는 그의 비판은 우리가 변화할 수 있는 동기가 됐다"고 평가했다.

메가와티 수카르노푸트리
한반도 평화에 앞장

메가와티 수카르노푸트리는 인도네시아 초대 대통령인 수카르노 대통령의 장녀이다. 메가와티는 1967년 수카르노의 권력을 빼앗은 수하르토 전 대통령의 30여년간 철권 통치에 강력히 저항했다. 그는 1996년 6월 정부와 군부 지원을 받은 민주당(PDI, 투쟁민주당의 전신) 내 반대파에 의해 총재직을 박탈당하며 민주투사라는 이미지를 굳혔다.

메가와티 수카르노푸트리
투쟁민주당 총재

메가와티는 한반도 평화에 관심과 영향력을 발휘하는 등 오랜 기간 한반도 평화 중재자 역할을 기꺼이 맡아왔다. 메가와티는 1964년 아버지인 수카르노 대통령의 평양 방문에 동행해 김일성 주석을 만났고, 2002년에는 남북한을 동시에 방문하기도 했다. 또 2011년 사망한 김정일 북한 국방위원장과는 절친한 사이였다. 메가와티는 그동안 여러 차례 북한을 방문했다. 한반도 문제와 관련, 북한과 관련한 내 경험이 도움이 된다면 기쁘다고 밝혔고, 한반도의 평화와 안정을 누구보다 기원한다고 말해왔다. 메가와티 전 대통령은 2015년 '명예 제주도민'으로 선정되고, 2017년 목포대에서 명예 경제학 박사 학위를 받는 등 한국과 가깝게 지내왔다.

메가와티는 1987년에 정치에 입문해 수하르토 정권 하에서 탄압을 받으며 혹독한 정치훈련을 거쳤다. 수하르토 퇴진 후 메가와티는 1999년부터 2년 동안 인도네시아 부통령 이어 압두라흐만 와히드 대통령의 탄해으로 대통령직을 승계해 2001~2004년 3년 동안 5대 대통령을 수행했다.

2004년부터 2014년 10년간 야당 당수 이후, 2014년부터 현재까지 집권당 총재로서 풍부한 정치 경력을 쌓아왔다. 1999년부터 지난 다섯 차례에 걸친 총선에서 지지자들은 메가와티에게 절대적인 지지를 보여준 만큼 그는 투쟁민주당을 결집하는 핵심인물이다.

포퓰리센터(Populi Center) 아디 아비딘 연구원은 메가와티가 권력을 유지할 수 있는 근간에 대해, 메가와티와 투쟁민주당이 △헌법 질서의 준수 △세속주의 △좌익, 우익 및 소수자 포용 △전통적인 이슬람과의 협력 등 넓은 정치적 스펙트럼을 형성하고 있다고 꼽았다.

4장

1차 성숙기
: 동반자 관계의 발판 마련

◆ 미래를 향한 동행, 전략적 동반자 관계

노무현 정부부터 박근혜 정부까지 한국과 인도네시아 양국 외교사는 '전략적 동반자 관계'로의 격상으로 특징지어진다. 양국은 자유민주주의와 시장경제라는 공동의 가치에 기초한 동반자라는 인식 하에 협력의 폭과 깊이를 크게 증대시켰다. 2006년 '전략적 동반자 관계' 수립 이후 양국 간 협력이 정치·경제·방산·문화·인적교류 등 전면적으로 확대했다.

2006년부터는 매년 양국 정상이 상호 방문하여 협력관계가 급속히 증진되었다. 2015년까지의 무역액 500억 달러 달성, 양국 간 '포괄적동반자협정'(CEPA) 등 양국 관계를 증진시키기 위한 구체적인 목표들이 정해지고 이를 달성하기 위해 양국이 힘을 모았다. 한국 기업들은 에너지, 철강, ICT(정보통신기술) 등 투자와 협력을 고도화시켜 나갔다. 또 한류에 대한 인식이 인도네시아 국민 저변으로 확산되면서 양국 간 문화에 대한 이해와 교류가 심화됐다.

2006년 4월에 반기문 외교통상부 장관이 자카르타를 방문하여 하산 위라유다(Hasan Wirayuda) 인도네시아 외교장관과 회담을 갖고, '한-인니 전략적 동반자 관계' 구축을 준비해 나가기로 했고 그해 12월 노무현 대통령이 인도네시아를 국빈 방문하여 양국 관계를 '전략적 동반자 관계'로 격상하였음을 선언하였다.

국빈 방문 중에 원자력협력협정과 관광협력협정이 양국 대통령의 임석 하에 서명되었고, 부패방지 상호협력에 관한 양해각서 및 산림투자와 CDM(Clean Development Mechanism, 청정개발체제 협력)을 위한 양해각서, 민간 기업 간 MOU 등도 체결되었다. 민간 조림투자 50만ha 조성을 합의하여 향후 한국 기업의 임업 부문 진출의 기폭제가 되었다.

'전략적 동반자 관계' 선언에 따라서 2007년 4월 산업자원부 장관과 대한상공회의소 회장을 단장으로 한 20여명의 민관합동 경제사절단이 자카르타를 방문했다. 경제사절단은 에너지·자원, 무역·투자, 인프라, 방위산업 등 8개 분과별로 회의를 가졌고, 석유·가스·석탄 개발, 발전소 건설, 산업기술협력, 조림 투자 등의 협력 프로젝트 등을 발굴했다.

◆ 에너지·자원 분야 협력 활성화

노무현 대통령은 2003년 10월 아세안+3 정상회의 참석차 발리를 방문했다. 이 방문은 한-아세안 FTA 추진을 위한 전기를 마련했다는 데 의의가 있다.

2007년에 인도네시아 새로운 투자법이 제정되고 한-아세안 FTA 상품무역 협정이 발효됨으로써 한국 기업의 대인도네시아 진출 환경이 더욱 개선되었다. 2007년 7월 유도요노 대통령이 국빈 방문하여 대인도네시아 투자 관련 16개의 MOU가 서명되었고, 양국 간 에너지·자원 분야 협력을 활성화하고 새로운 투자 사업을 발굴하기 위한 '제1차 한-인니 포럼'이 개최됐다.

양국 정상 간 실질 협력 강화 합의에 따라 한국 기업의 구체적인 프로젝트가 성사됐다. 2007년 중부발전·삼탄 등이 참여한 컨소시엄이 수출입은행의 프로젝트 파이낸싱(Project Financing)을 통해 약 7억4천만 달러 규모의 찌레본 석탄화력발전소 민자사업을 수주하게 됐다.

2005년 11월 18일 노무현 대통령이 부산 파라다이스 호텔에서 인도네시아 수실로 밤방 유도요노 대통령과 한-인도네시아 양자회담을 하였다.

대규모 경제협력 사업을 지원하기 위해, 정부도 그해 11월 EDCF(Economic Development Cooperation Fund, 대외경제협력기금) 차관 한도를 3억 달러로 대폭 증액하는 기본약정을 인도네시아 정부와 체결하였다.

양국 간 실질협력은 국방 분야에서도 활발하게 이루어져, 인도네시아 국군통합사령관의 방한, 해병대사령관의 상호방문 등 고위급 인사 교류와 함께, 한국 LVTP-7A1 상륙돌격 장갑차 10대를 인도네시아에 무상 제공하기로 했다.

◆ **전략적 동반자 관계의 재도약**

2008년 이명박 정부가 출범한 첫 해 양국 대통령 간의 회동은 G-8 정상회의(7월 일본 도야코), APEC 정상회의(11월, 페루 리마) 등 다자 정상회의 계기로 이루어졌다. 2009년부터는 양국 정상이 상호 방문하면서, 전략적 동반자 관계의 재도약을 맞게 된다. 2009년 3월 이명박 대통령이 인도네시아를 국빈 방문하여 양국 대통령은 '전략적 동반자 관계'를 재확인한다.

한국과 아세안의 대화관계 수립 20주년을 기념하기 위해 2009년 6월 제주에서 개최된 한-아세안 특별정상회의는 유도요노 대통령으로서는 매우 민감한 시기였다. 대통령 선거를 한 달 앞두고 국내 정치 문제로 여념이 없는 시점이었기 때문이었다. 그러나 유도요노 대통령은 선거운동 기간임에도 불구하고 참석하기로 결단을 내렸고, 이로써 양국의 '전략적 동반자 관계'는 더욱 부각되었다. 이 회의 계기로 개최된 양국 정상회담 직후 양국 대통령 내외는 예정에 없던 단독 오찬에 이어 서귀포 바다를 산책하면서 각별한 친분을 과시했다.

이명박 대통령은 2011년 11월에 한-아세안/아세안+3/EAS 정상회의에 참석하기 위하여 다시 발리를 방문하였고, 유도요노 대통령과 양자 정상회담을 가졌다. 이 회담 결과, 그간 공동연구가 이루어진 한-인니 CEPA(Comprehensive Economic Partnership Agreement) 협상을 개시할 수 있도록 필요한 국내 절차를 진행키로 합의하였다. 한-아세안 FTA에 이어 양국이 보다 심화된 양자 간 FTA 파트너 관계로 발전하는 초석을 놓게 된 것이다. 한-아세안 정상회의에서 〈한-아세안 산림협력협정〉이 체결되어 한국의 산림 녹화 성공 경험을 아세안에 본격적으로 전수하게 되어 한국 산림정책의 지평을 넓히게 되었다. 특히 40여년 이상의 공고한 한-인니 산림협력 파트너십이 이 협정 체결에 중요한 역할을 하였다.

2012년 11월 8일 인도네시아를 방문 중인 이명박 대통령이 8일 발리 라구나호텔에서 수실로 밤방 유도요노 대통령으로부터 인도네시아 최고 훈장인 '아디푸르나' 훈장을 받았다.

◈ '인도네시아 경제개발 마스터플랜'의 주파트너

2010년 서울 G20 정상회의를 얼마 앞둔 11월, 인도네시아 머라삐 화산이 폭발하여 200명에 가까운 사망자와 20만 명에 달하는 이재민이 발생하였다. 국내적으로 어려운 상황에서도 유도요노 대통령은 또다시 서울로 향했다. 이는 신뢰에 기초한 양국 간 '전략적 동반자관계'가 더욱 성숙되고 있음을 보여주었다.

인도네시아의 발리 민주주의 포럼(Bali Democratic Forum)을 앞둔 2010년 11월 하순, 이번에는 한국에서 북한의 연평도 포격으로 안보상황의 긴장이 고조됐다. 이명박 대통령은 국내적으로 쉽지 않은 상황이었지만 포럼의 공동주재자 역할을 기꺼이 받아들였다. 9시간이라는 짧은 시간 발리에 체류하는 동안 8개의 행사를 치렀다.

이렇게 축적된 양국 정상 간 신뢰와 친분은 결국 이날 정상회담에서 인도네시아가 한국을 인도네시아 경제발전 마스터플랜(MP3EI)에 주요 파트너로 참여해 줄 것을 요청하는 결과로 나타났다.

인도네시아 경제발전 마스터플랜 참여 요청에 대한 구체사항을 협의하기 위해 그 다음 해인 2011년 2월 하따 라자사 경제조정부 장관을 단장으로, 통상장관, 국방장관, 산업장관, 투자청장이 포함된 대규모 대통령 특사단이 방한하였다. 특사단 활동을 지원하기 위해 산업시찰에 대통령 전용기까지 제공하는 등 최대한의 편의를 제공하였다.

2011년 5월에는 한-인니 경제협력실무 T/F가 발리에서 출범하여 한-인니 경제협력 파트너십을 위한 MOU가 한국 지식경제부와 인도네시아 경제조정부 간에 체결되있고, 11월에는 미스터플랜 협력을 위한 경제협력사무국이 인도네시아에 설치되었다.

◆ 상생 공동번영을 위한 새로운 미래 동반자 관계 구축

박근혜 대통령은 발리 APEC 정상회의와 브루나이 ASEAN+3/EAS 정상회의 참석 직후 2013년 10월 10~12일 기간에 인도네시아를 국빈 방문하였다. 방문 둘째날에 주인도네시아 한국대사관 신청사 준공식 제막식과 기념식수, 한-인니 비즈니스포럼 참석과 대우조선해양 방문에 이어 한-인니 현대미술교류전을 관람하고 저녁에는 동포간담회를 개

2013년 10월 12일 인도네시아를 국빈방문중인 박근혜 대통령이 12일 오후 인도네시아 대통령궁에서 열린 단독정상회담에서 수실로 밤방 유도요노 대통령과 회담하였다.

최하여 우리 동포 350여명과 만남을 가졌다. 방문 마지막 날에는 영웅묘지 헌화를 시작으로 유도요노 대통령과 단독 및 확대 정상회담, 공동기자회견, 기념식수 및 국빈만찬의 일정을 가졌다.

박근혜 대통령의 국빈방문을 통해 양국 정상은 한-인니 포괄적 경제동반자 협정(CEPA)의 연내 타결에 합의하고 2015년 500억 달러, 2020년 1,000억 달러 교역액 달성을 위해 함께 노력해 나가기로 하였다. 또한 〈국방협력 협정〉, 〈경제특구 개발 강화를 위한 양해각서〉, 〈창조문화산업 협력에 관한 양해각서〉, 〈산림휴양 및 생태관광 개발에 관한 양해각서〉 체결을 통해 양국 간 실질협력 분야 확대를 위한 제도적 기반을 마련하였다.

[기관] 주아세안 대한민국 대표부

 ## 아세안 회원국의 통합과 발전

주아세안 대한민국 대표부는 2012년 9월 아세안사무국이 위치한 자카르타에 설립되어 한국과 아세안(ASEAN, Association of Southeast Asian Nations)과의 협력을 강화하기 위해 노력하고 있다. 아세안은 1967년 인도네시아, 태국, 싱가포르, 말레이시아, 필리핀 5개국 간 합의한 방콕선언에 의해 창설되었다. 이후 아세안은 1980년대부터 1990년대 말까지 브루나이, 베트남, 미얀마, 라오스, 캄보디아가 순차적으로 가입하면서 10개국 지역협의체로서 틀을 갖추고 성장해왔다. 2022년 말에는 동티모르를 11번째 회원국으로 받아들이기로 했다.

주아세안대표부와 산업통상자원부 대표단이 2024년 3월 12일부터 13일까지 자카르타 아세안사무국에서 '제20차 한-아세안 FTA 이행위원회'를 개최했다.

아세안은 다자주의에 기반하여 설립된 지역협의체이며, 설립 이후 지난 50여년 간 정치·안보, 경제, 사회·문화 3개 분야를 중심으로 아세안 회원국들간 통합과 발전을 위해 노력해왔다. 지역분쟁이나 금융위기, 재난 대응, 기후변화 등 다양한 이슈들에 있어서도 아세안 차원의 통일된 목소리를 내면서 문제해결을 위한 적극적인 역할을 해왔다.

한국은 1989년 대화관계 수립을 시작으로 다방면에 걸쳐 아세안과 긴밀한 협력을 유지해 오고 있다. 아세안과의 FTA는 2007년에 발효돼 상품, 서비스 협정에 이어 2009년 투자 협정이 발효되었다. 한-아세안 관계는 2010년 '전략적 동반자관계'로 격상되었다. 무엇보다 아세안은 한국의 제2의 교역 대상 지역이자 건설 수주 대상 지역이며, 한국 또한 아세안의 제5위 교역대상 국가이다. 인적교류도 활발하여 코로나 직전인 2019년 한국 국민 1,000만명이 아세안 국가들을 방문하였고, 같은 해 아세안 국민 270만명이 한국을 방문하였다.

2020년초 발생한 코로나로 인해 2022년 초반까지 각종 회의, 행사나 인적교류가 어려웠으나 이후 각국의 외교활동들이 정상화되는 추세에 있다. 2022년 11월 아세안 의장국인 캄보디아 프놈펜에서 개최된 3년만의 한-아세안 대면 정상회의에서 윤석열 대통령은 한국 정부의 인도-태평양 전략을 천명하면서 자유, 평화, 번영의 3대 비전과, 포용, 신뢰, 호혜의 3대협력 원칙을 제시하였다. 나아가 이러한 비전과 원칙을 바탕으로 아세안에 특화된 협력 추진을 위해 '한-아세안 연대구상'을 제시하면서 우리의 아세안 중시 외교기조를 강조함과 아울러 아세안과의 전략적, 실질적 협력을 심화하고 발전시켜 나가려는 의지를 강조하였다. 아세안 정상들은 이러한 한국의 대아세안 협력 강화·발전 의지를 환영하였으며, 디지털, 기후변화와 환경, 전기차 등 아세안의 미래 발전 수요를 반영하는 한국의 대아세안 정책 방향을 높이 평가하였다.

5장

2차 성숙기
: 미래를 향한 우정의 동행

◆ '특별 전략적 동반자 관계' 격상 CEPA 발효

제2차 성숙기에는 한-인니 관계가 '특별 전략적 동반자 관계'로 격상되고 포괄적경제동반자협정(CEPA)을 발효하면서 양국은 50년을 넘어 미래 동반자로 발돋움하는 시기이다.

문재인 대통령과 조코 위도도 대통령은 2017년 11월 9일 양국 관계를 '전략적 동반자 관계'에서 '특별 전략적 동반자 관계'로 격상하는 데 합의했다. 양국 정상은 이날 자카르타에서 60㎞ 떨어진 보고르 대통령궁에서 정상회담을 하고 이러한 내용을 담은 '한-인니 공동번영과 평화를 위한 공동비전성명(ROK-ROI Joint Vision Statement for Co-Prosperity and Peace)'을 채택했다.

총 4개 분야, 27개 문단으로 구성된 이번 성명은 서문에서 양국 정상간 '특별 전략적 동반자 관계' 격상 합의를 명시하면서 ①전략적 협력 ②실질협력 ③인적교류 ④지역·글로벌 협력 분야별로 협력 내용을 언급했다. 두 정상은 또 장관급 공동위원회·차관급 전략대화 등을 통해 양국 간 전략적 소통이 활발하게 이뤄져 온 데 만족감을 표하며 외교·국방 분야에서 2+2 회의 등 신규 협의체 설치를 모색하는 한편 방산 분야 협력이 상호 신뢰와 전략적 동반자 관계의 표상임을 재확인하면서 역량 강화와 연구·개발·공동생산을 더욱 강조하는 방향으로 협력을 지속 증진하기로 했다. 아울러 양국은 철강·석유화학 등 분야에서 진행 중인 협력을 강화하기로 했고, 자동차 분야의 협력을 강화하기 위한 대화체 신설 방안을 모색하기로 했다.

양국은 2022년까지 두 나라 교역액이 300억 달러 규모로 늘도록 노력하기로 했고, 이와 관련, 조코 위도도 대통령은 인도네시아의 산업 고도화와 인프라 확충, 연계성 증진 및 지역개발에 도움이 되는 분야에서 한국 기업들의 투자 확대를 장려했다. 두 정상은 포괄·현대적이고 높은 수준의 상호 호혜적인 역내포괄적 경제동반자협정(RCEP)이 조기에 타결될 필요가 있다는 점에도 의견 일치를 봤다. RCEP은 아세안 10개국과 한국·중국·일본·호주·뉴질랜드 5개국을 더해 아시아·태평양 지역 15개국 사이의 무역의 룰을 정하는 세계 최대 규모의 FTA로 2020년 15개국 간 최종 타결 및 서명이 이뤄졌다.

◆ 아세안 4강국 수준 관계 격상

문재인 대통령이 2017년 11월 8일 7박8일 동남아시아 순방의 첫 일정으로 인도네시아를 방문했다. 문 대통령은 인도네시아 방문의 첫 일정으로 자카르타 물리아 호텔에서 인도네시아 동포 300여명과의 동포 간담회를 개최했다. 한국과 인연이 있는 인도네시아인 23명도 참석했다.

문재인 대통령은 격려사에서 "나의 첫 국빈방문으로 인도네시아를 찾았다"며 "인도네시아를 비롯한 아세안과의 교류·협력 관계를 4대 강국 수준으로 격상시키고 발전시켜 나가겠다"고 말했다.

2018년 9월10일 문재인 대통령과 부인 김정숙 여사가 한국을 국빈 방문한 조코 위도도 인도네시아 대통령 내외와 함께 10일 오전 서울 종로구 창덕궁 인정전에서 열린 공식 환영식에서 기념촬영

또한 "나는 대한민국의 외교 지평을 확대해야 한다고 늘 강조해왔다"며 "주변 4대국을 넘어, 우리의 시야를 넓혀야 대륙과 해양을 잇는 교량 국가로 지정학적 이점을 살려나갈 수 있기 때문"이라고 밝혔다

◆ '특별 전략적 동반자관계'에 걸맞은 실질협력 내실화

인도네시아 조코 위도도 대통령은 2018년 9월 10일 한국을 국빈 방문하였다. 창덕궁에서는 조코 위도도 대통령 부부를 환영하는 이례적이고 특별한 공식 환영식이 열렸다. 공식 환영식을 마친 문재인 대통령과 조코 위도도 대통령은 오후에 정상회담을 이어갔다. 정상회담에서는 △'특별 전략적 동반자관계'에 걸맞은 실질협력 내실화 △자카르타 경전철 건설에 한국 컨소시엄 참여 △온라인 비자신청 제도 도입 등 인도네시아 관광객 비자신청 절차 간소화 합의 △차세대 전투기 공동개발, 잠수함

공동생산을 비롯한 방산 협력 지속 등 양국 정상은 앞서 2017년 11월 정상회담 합의사항 이행에 성과와 진전이 있었음을 평가하고, 앞으로 '특별 전략적 동반자관계'에 걸맞은 실질협력 내실화 방안에 대해 심도 있게 논의했다.

◈ 공급망·인프라·방산 협력 강화

2022년 11월 14일 윤석열 대통령은 '한-인도네시아 비즈니스 라운드테이블'을 계기로 조코 위도도 인도네시아 대통령과 환담했다.

윤석열 대통령과 인도네시아 조코 위도도 대통령은 2022년 7월 28일 서울에서 정상회담을 갖고 경제안보와 인프라 구축 등 양국 간의 실질적 협력을 강화하기로 했다. 조코위 대통령은 방명록에 '인도네시아는 한국에 적합한 파트너'라고 적었고, 윤 대통령은 정상회담이 시작하자 지난해 요소수 품귀 사태 당시 인도네시아의 지원에 감사를 표했다. 두 정상은 회담 후 내놓은 공동발표문에서 공급망, 경제안보까지 포괄하는 실질적 협력을 더 증진하겠다고 밝혔다.

[인물] 양국 협력의 중심 인도네시아 대통령

수실로 밤방 유도요노
한국 무궁화 대훈장 수훈

2014년 11월 19일 박근혜 대통령은 수실로 밤방 유도요노 대통령에게 대통령 재임기간(2004~2014년) 10년 동안 한-인니 관계 발전에 기여한 공로를 인정해 외국 국가원수에게 수여하는 대한민국 최고 훈장인 무궁화 대훈장을 수여했다.

유도요노 대통령은 재임 중인 2011년 '인도네시아 경제개발 마스터플랜(MP3EI)'을 수립하고, 한국을 주요 파트너로 선정해 이를 위해 '한-인니 경제협력사무국'을 설치했다. 또 양국은 '포괄적 경제동반자협정(CEPA)' 개시를 위한 국내 절차를 가속화하기로 의견을 같이 했으며, 2020년까지 양국 간 교역액 1,000억달러 달성을 목표로 하는 '한-인니 중장기 경제협력비전'에도 합의했다. 특히 유도요노 정부는 한국의 잠수함 3척과 T-50 고등훈련기 16대 구매 및 차세대 전투기 공동 연구·개발 등 방산 부문에도 적극적으로 협력했다.

유도요노 대통령은 퇴임 후에

박근혜 대통령이 2014년 11월 19일 청와대에서 수실로 밤방 유도요노 전 인도네시아 대통령에게 양국 관계 발전에 기여한 공로를 인정해 무궁화대훈장을 수여했다.

도 양국 관계 발전에 힘썼다. 2014년 11월 한국이 발족한 국제기구인 글로벌 녹색성장연구소(GGGI) 이사회 2년 임기의 의장에 취임했다.

한편 유도요노 대통령은 2012년 11월 8일 발리 민주주의포럼 참석차 인도네시아를 방문 중인 이명박 대통령에게 양국 간 관계 증진에 대한 공로로 인도네시아 최고 훈장인 '빈땅 아디뿌르나' 훈장(Bintang Republik Indonesia Adipurna)을 수여했다.

유도요노 대통령은 2004년에 인도네시아 국민이 직접 선출한 첫 번째 대통령이다. 1949년 동부 자바주 빠찌딴 지역에서 퇴역 육군 준위의 아들로 태어나 1973년 군사관학교를 졸업했다. 정계에 진출하면서 군을 떠날 때 4성 장군으로 예편했다.

2000년 압두라흐만 와히드 정권에서 에너지광물장관으로 입각한 이후, 정치·안보조정장관으로 승진했지만 1년 뒤 탄핵사태에 직면한 와히드 대통령의 비상사태 선포 요구를 거절하다가 해임됐다. 2004년 메가와티 정부에서 정치·안보조정장관으로 재임명됐지만 대통령과의 불화로 다시 물러났다. 이후 그는 민주당을 창당해 2004년 대선에 출마해 인도네시아 제6대 대통령으로 선출됐으며, 2009년 대권에 다시 도전해 연임에 성공했다.

조코 위도도
양국관계 고도화에 기여

조코 위도도(조코위) 대통령은 한국-인도네시아 관계에 크게 두 가지를 기여했다. 2017년 문재인 대통령과 조코위 대통령은 양국 관계를 '전략적 동반자 관계'에서 '특별 전략적 동반자 관계'로 격상하는 데 합의했다. 또다른 하나는 2019년 양국 대통령은 '포괄적 경제동반자 협정'(이하 CEPA)의 최종 타결을 공식 선언했다. CEPA는 2023년 1월부터 발효됐다.

조코 위도도 대통령

앞서 2017년 11월 9일, 한국과 인도네시아는 '전략적 동반자 관계'에서 '특별 전략적 동반자 관계'로 격상하는 데 합의했다. 특히, 양국은 철강·석유화학 등 분야에서 진행 중인 협력을 강화하기로 했고, 자동차 분야의 협력을 강화하기 위한 대화체 신설 방안을 모색하기로 했다. 양국은 2022년까지 양국 교역액이 300억 달러 규모로 늘도록 노력하기로 했고, 이와 관련, 조코위 대통령은 인도네시아의 산업 가속화와 인프라 확충, 연계성 증진 및 지역개발에 도움이 되는 분야에서 한국 기업들의 투자 확대를 장려했다.

명문 정치가문 출신이거나 재벌가 출신이 아닌 가난한 목수의 아들로 태어난 조코위 대통령에게 인도네시아 서민과 중산층들은 친근감을 느낀다. 정치계에 전혀 알려지지 않았던 중소 규모의 가구사업가 조코위는 2005년에 중부자바주 솔로시장에 출마, 36%를 득표해 힘겹게 당선된다. 부패가 만연한 행정을 뜯어고치겠다는 기치를 내걸고 불시현장방문(일명: blusukan)을 통해 실상을 파악하고 개선방안을 찾아 행정개혁을 단행했다. 시내 중심가 도로를 장악해 교통과 미관을 해치는 노점상들과 수십 차례 면담을 통해 새 유통센터로 이전시키는 등 대화와 설득을 통한 행정력을 보여주었다.

언론을 통해 유명세를 타기 시작한 조코위는 2012년에 자카르타 시장에 당선돼 특유의 발로 뛰는 지도자로서 종횡무진하면서 큰 성과를 냈다. 이어 대중적인 인기가 급상승한 조코위는 2014년에는 투쟁민주당(PDIP) 대통령 후보가 되어 명문가 출신인 프라보워 수비안토 그린드라당 총재와 맞붙어 대권을 거머쥔다. 조코위 대통령은 전국을 누비며 민생을 챙기면서 높은 인기를 얻어 2019년에 프라보워 후보와 다시 격돌해 연임에 성공한다.

조코위 대통령의 국정활동을 알리는 소셜미디어인 인스타그램과 페이스북 공식 계정의 팔로워는 각각 4,500만명과 1,000만명으로 집권 8년차에도 대통령의 인기가 식지 않고 있음을 방증하고 있다. 조코위 대통령이 두 번째 임기를 시작한 직후인 2020년 초 코로나19 사태를 맞았으나, 친서민정책을 통해 높은 지지도를 유지하고 있다.

프라보워 수비안토
4성장군-사업가-정치인-대통령

프라보워 수비안토
차기 대통령 겸 현 국방장관

2024년 10월 취임한 프라보워 수비안토 조요하디쿠스모(Prabowo Subianto Djojohadikusumo) 인도네시아 대통령은 퇴역 육군 중장, 국방부 장관(2019~2024)이자 원내 제3당인 그린드라당의 총재(2014~현재)이다. 그의 삶은 명문가, 군인, 사업가와 정치인 등으로 요약된다.

군생활 전반에 걸쳐 권력과 근접해 있던 그는 대통령을 꿈꾸며 2004년에 정계에 입문했다. 그는 2008년 그린드라(Gerindra)당을 공동 설립했다. 프라보워는 2009년 대선에서 메가와티 수카르노푸트리의 러닝메이트로 출마했으나 수실로 밤방 유도요노 대통령 후보에게 패한다. 2014년과 2019년 두 차례에 걸쳐 대통령 후보로 출마했으나 조코 위도도(조코위)에게 패했다. 그는 부통령 후보까지 합치면 2024년 대선이 네번째 대권 도전이며, 조코위 대통령의 암묵적인 지지에 힘입어 극적으로 대통령에 당선된다.

프라보워는 1951년 10월 17일 자카르타에서 인도네시아 유력 가문의 네 자녀 중 셋 째로 태어났다. 프라보워의 아버지 수미트로 조요하디쿠스모는 저명한 경제학자이자 정치인으로 수카르노와 수하르토 대통령 밑에서 여러 장관직을 역임했다. 프라보워의 어머니 도라 마리에 시레가르는 가정주부로 네덜란드에서 외과 간호학을 공부했다. 프라보워의 할아버지 마르고노 조요하디쿠스모는 인도네시아느가라은행(BNI)의 창립자로 독립운동가이다.

아버지 수미트로가 1958년 수카르노 정권에 반대해 설립한 인도네시아공화국혁명정부(PRRI)가 실패하자, 프라보워는 망명생활을 한 아버지와 함께 어린 시절 대부분을 해외에서 보냈다. 이에 따라 프라보워는 프랑스어, 독일어, 영어, 네덜란드어 등 다양한 외국어를 구사한다.

프라보워는 1974년 국군사관학교(AKABRI)를 졸업한 후 군에 입대해 1998년 수하르토 정권이 붕괴한 직후 불명예 제대하기 전까지 28년 동안 군복무를 했다. 프라보워는 1983년 독재자 수하르토의 딸 시티 헤디아띠 하리야띠와 결혼했으나 1998년 수하르토 대통령이 축출된 직후 이혼했다. 프라보워와 시티 부부에게는 프랑스 파리에 거주하는 패션 디자이너인 라고워 헤디프라세티요 조요하디꾸스모라는 아들이 있다.

프라보워는 요르단에서 망명 생활을 마치고 2001년 인도네시아로 돌아와 사업가인 친동생 하심 조요하디쿠스모와 함께 사업에 뛰어들었다. 프라보워는 펄프 및 제지 회사인 누산타라에너지(Nusantara Energy)를 설립했고, 나중에 팜유, 석탄 및 가스, 광업, 농업 및 수산업 분야의 기업으로 구성된 대기업인 누산따라그룹(Nusantara Group)을 설립했다.

프라보워는 2004년 골카르당 전당대회에서 대통령 후보에 당선되는 데 실패했다. 4년 후 그는 그린드라(Gerindra)를 공동 창립했고, 2009년 대선에 인도네시아 투쟁민주당(PDI-P) 총재인 메가와티 수카르노푸트리의 러닝메이트로 지명됐지만 낙선했다. 프라보워는 2014년에 그린드라당 총재에 선출되고, 대선에 두차례 대통령후보로 출마했으나 낙선했다.

프라보워는 지배계급의 일원으로서 자신의 꿈을 추구할 수 있는 특권적인 위치에 있다. 1998년 갑작스럽게 인도네시아군에서 전역하기 전까지 화려한 군 경력을 쌓았다. 육군에 입대한 지 불과 2년 만에 육군특수부대(Kopassus)의 전신인 코파산다(특수부대 사령부)의 산디 유다(Sandhi Yudha) 사단에 배치됐다.

1976년 당시 동티모르에서 분리독립 운동을 진압하기 위해 파견되었다. 미국 포트베닝에서 특수부대 장교 과정을 마친 뒤 1987년 육군 전략예비군사령부(Kostrat) 공수보병대대 사령관이 됐다. 그는 1993년 육군 특수부대로 돌아와 비밀 작전을 수행하는 부대를 이끌었고 결국 1996년 특전사령부(Kopassus) 총사령관이 되었다. 1998년 3월 전략예비군사령부 사령관에 임명됐다.

프라보워는 수하르토가 1998년 5월 사임하고 BJ 하비비(BJ Habibie) 부통령이 대통령직에 오른 직후 군에서 전역한다. 이는 1998년 5월 사태 당시 쿠데타를 시도했다는 의혹 때문이었다. 1998년 7월 인도네시아군은 프라보워를 조사하기 위해 윤리위원회를 열어, 프라보워가 행한 여러 가지 행동으로 인해 그를 불명예 제대시키기로 결정했다.

한편 조코위 대통령은 2024년 2월 대선 직후, 대통령 당선이 확실시되는 프라보워 수비안토 국방부 장관을 명예 육군 대장으로 진급시키고 임명장을 수여했다. 육군 중장으로 '불명예 전역'한 지 약 26년 만이다.

부록

참고문헌

◆ **참고도서**

- 김대래, 『고도성장기 부산 합판산업의 성장과 쇠퇴』, 신라대학교 경제학과 (2014)
- 김문환, 『적도에 뿌리내린 한국인의 혼』, 자카르타경제일보사(2013)
- 사단법인 현도복지회, 『낙산유교』 양서각(2014)
- 박번순, 『아세안의 시간』, 지식의 날개(2019)
- 엄은희, 『인도네시아, 국경과 민족을 넘어 코스모폴리탄 사회로』, 눌민(2022)
- 엄은희 외, 『동남아시아 한인, 도전과 정착 그리고 미래』, 눌민(2022)
- 우쓰미 아이코, 『적도에 묻히다』(김종익 옮김), 역사비평사(2012)
- 이경석, 『인니 금융산업 현황 및 한국 기업 진출 사례』, 코트라 자카르타무역관(2015)
- 인도네시아한인100년사 편찬위, 『인도네시아 한인 100년사』, 순정아이북스 (2020)
- 전제성·유완또, 『인도네시아 속의 한국, 한국 속의 인도네시아』, 이매진(2013)

◆ **기관자료**

- 『국외 독립운동사적지 실태조사보고서 동남아시아지역 IV』, 국가보훈처 & 독립기념관 한국독립운동사연구소 (2006)
- 대한민국임시정부기념사업회/ 적도의 항일투사 고려독립청년당
  http://www.kopogo.kr/bbs/board.php?bo_table=letter&wr_id=682&sfl=&stx=&sst=wr_datetime&sod=desc&sop=and&page=29

- 『인니 투자진출 길라잡이』, 국가정보원(2006)
- 『자카르타한국국제학교 30년사』, 자카르타한인국제학교(2006)
- 『자카르타성요셉한인성당 30년사』, 자카르타성요셉한인성당(2006)
- 『코린도그룹 50년사』, 코린도(2020)
- 『한국-인도네시아 외교 40년사』 주인도네시아 대한민국대사관(2013)

◆ **학술자료**

- [강정숙.『인도네시아 동원여성명부에 관한 진상보고서』국무 총리실 소속 일제 강점하 강제 동원 피해 진상 규명 위원회, 2009]
- 엄은희(2013), "한국기업의 인도네시아 진출의 역사와 현재", 서울대 아시아연구소
- 엄은희(2016), "팜오일의 정치생태학: 인도네시아를 사례로", 한국환경사회학회 학술대회 자료집
- 엄은희(2018), "신발산업 GPN의 변화와 한인기업공동체의 공간전략", 한국지역지리학회
- 오명석(2014), "말레이 세계로 간 한국 기업들", 서울대 아시아연구소

◆ **인터넷자료**

- 고창현, "인도네시아 경제를 관통하는 새로운 키워드, 할랄", KOTRA 수라바야무역관 (2022.6.9)
- "LG컨소시엄, 인니서 대규모 광물확보…11조원대 프로젝트 추진" 연합뉴스 (2022.4.18)
- "제조업 강국 꿈꾸는 인니, 스마트팩토리로 4차산업혁명 직행" 한국경제 (2022.10.13)
- *기타 : 연합뉴스, 한국일보, 조선일보, 한겨레신문 등 해당 시기 기사 참조

- 안승갑. 재자바 고려독립청년당과 3의사. 1957
  https://search.i815.or.kr/sojang/read.do?isTotalSearch=Y&book=&adminId=1-000404-000#infomation
- 일제강제동원피해자지원자단/ 포로감시원 안승갑
  https://www.fomo.or.kr/museum/kor/CMS/Board/Board.do?mCode=MN0020&page=4&&mode=view&board_seq=396&
- 독립기념관 웹사이트/ 〈1944, 독립을 기다리며〉 특별기획전
  https://i815.or.kr/2018/news/press.do?mode=V&no=995736
- 동북아역사넷 일본군 위안부 증언자료/ 정서운
  http://contents.nahf.or.kr/id/iswj.d_0004_0020
- [Indonesia film center 웹사이트 https://www.indonesianfilmcenter.com/profil/index/director/7030/dr-huyung]
- 한인니문화연구원
  https://www.ikcs.kr/ik/bbs/board.php?bo_table=B15&wr_id=190&page=3
- 한인뉴스 해당시기 기사
- 데일리인도네시아 해당시기 기사
- 자카르타경제신문 해당시기 기사

부록

출처 재인도네시아 한국 건설업 협의회 팜플렛

인도네시아 역사 연대표

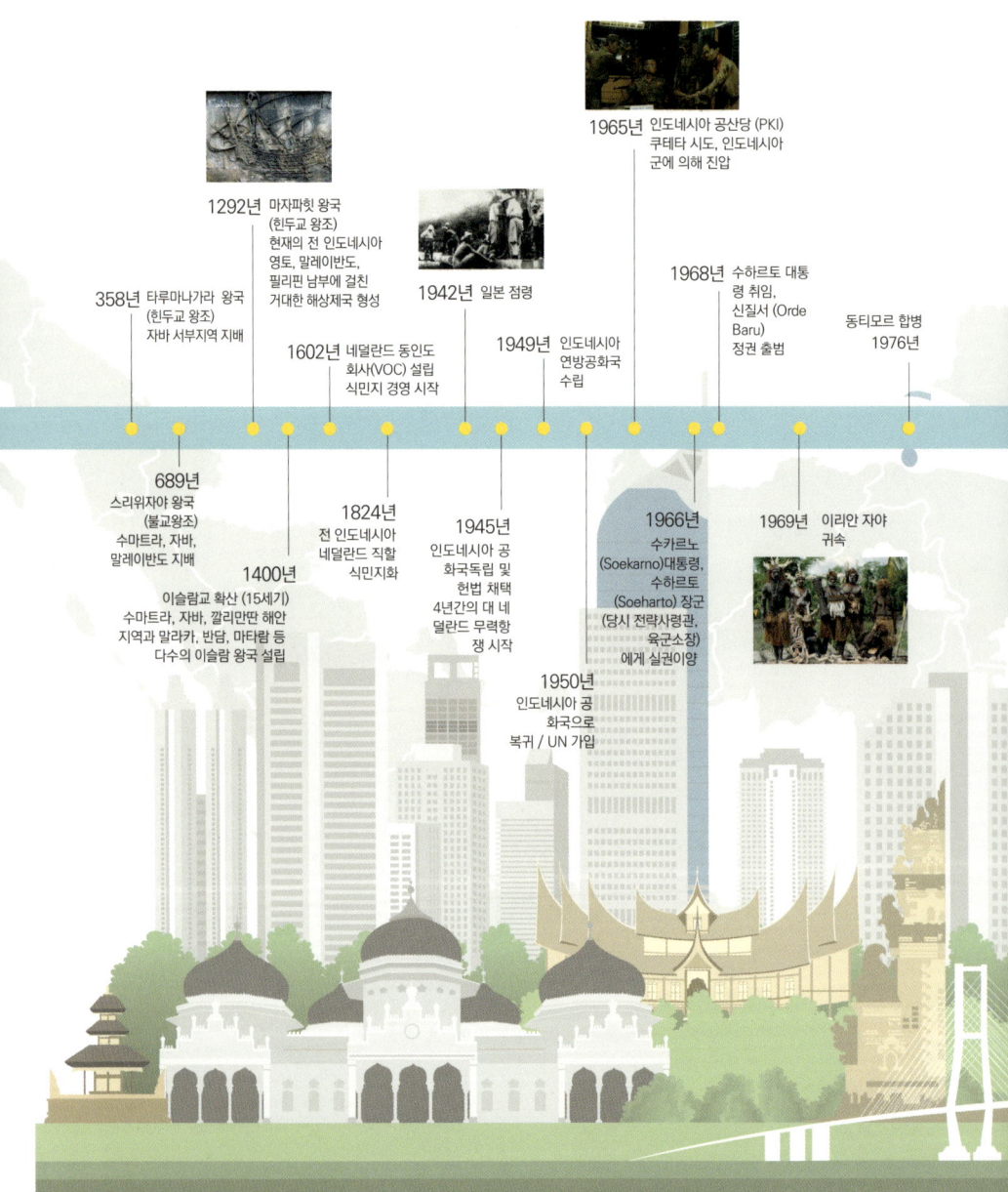

- **358년** 타루마나가라 왕국 (힌두교 왕조) 자바 서부지역 지배
- **689년** 스리위자야 왕국 (불교왕조) 수마트라, 자바, 말레이반도 지배
- **1292년** 마자파힛 왕국 (힌두교 왕조) 현재의 전 인도네시아 영토, 말레이반도, 필리핀 남부에 걸친 거대한 해상제국 형성
- **1400년** 이슬람교 확산 (15세기) 수마트라, 자바, 깔리만딴 해안 지역과 말라카, 반땀, 마타람 등 다수의 이슬람 왕국 설립
- **1602년** 네덜란드 동인도 회사(VOC) 설립 식민지 경영 시작
- **1824년** 전 인도네시아 네덜란드 직할 식민지화
- **1942년** 일본 점령
- **1945년** 인도네시아 공화국독립 및 헌법 채택 4년간의 대 네덜란드 무력항쟁 시작
- **1949년** 인도네시아 연방공화국 수립
- **1950년** 인도네시아 공화국으로 복귀 / UN 가입
- **1965년** 인도네시아 공산당 (PKI) 쿠테타 시도, 인도네시아 군에 의해 진압
- **1966년** 수카르노(Soekarno)대통령, 수하르토(Soeharto) 장군 (당시 전략사령관, 육군소장)에게 실권이양
- **1968년** 수하르토 대통령 취임, 신질서 (Orde Baru) 정권 출범
- **1969년** 이리안 자야 귀속
- **동티모르 합병 1976년**

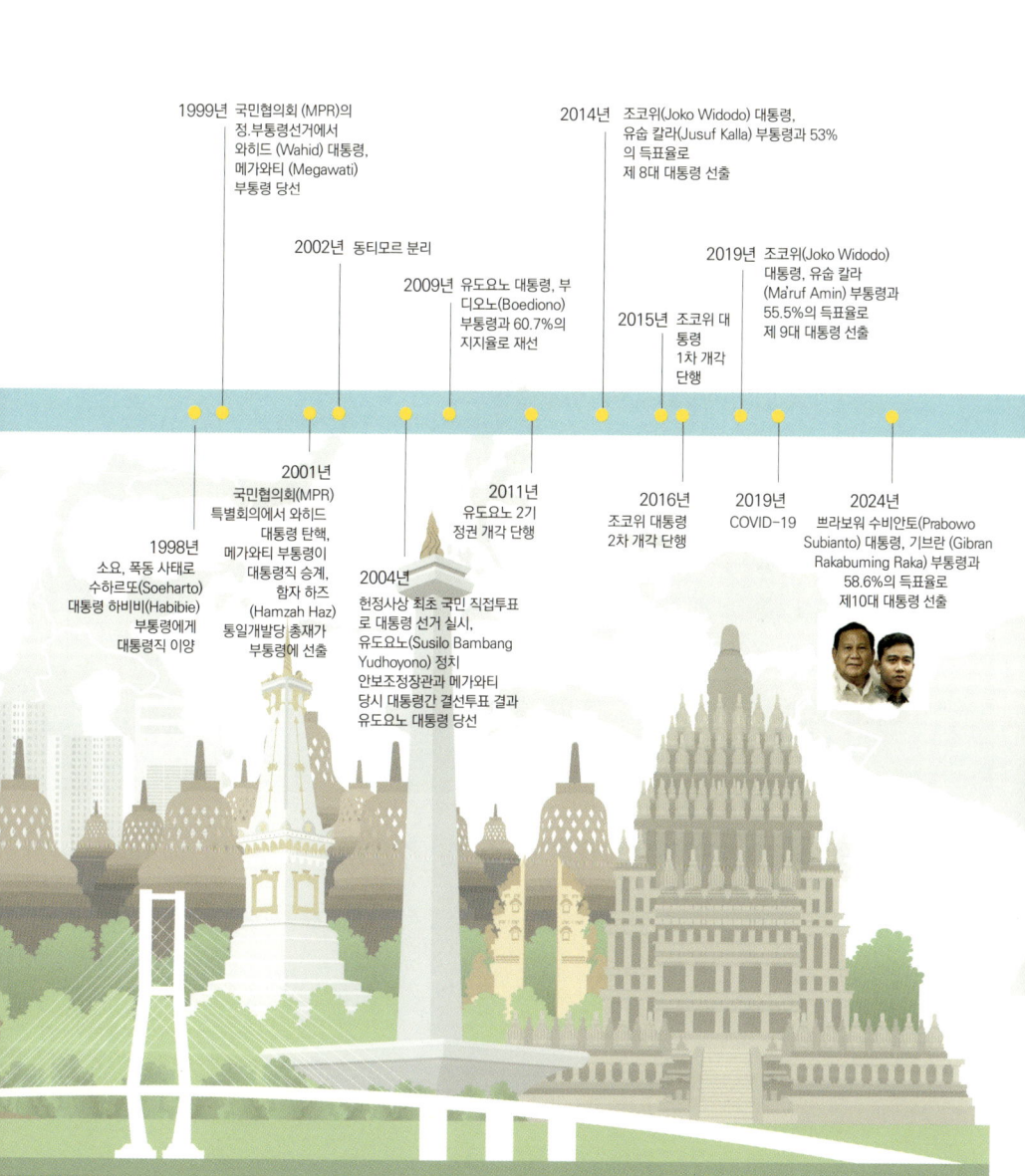

1999년 국민협의회 (MPR)의 정·부통령선거에서 와히드 (Wahid) 대통령, 메가와티 (Megawati) 부통령 당선

2002년 동티모르 분리

2009년 유도요노 대통령, 부디오노(Boediono) 부통령과 60.7%의 지지율로 재선

2014년 조코위(Joko Widodo) 대통령, 유숩 칼라(Jusuf Kalla) 부통령과 53%의 득표율로 제8대 대통령 선출

2015년 조코위 대통령 1차 개각 단행

2019년 조코위(Joko Widodo) 대통령, 유숩 칼라 (Ma'ruf Amin) 부통령과 55.5%의 득표율로 제9대 대통령 선출

1998년 소요, 폭동 사태로 수하르또(Soeharto) 대통령 하비비(Habibie) 부통령에게 대통령직 이양

2001년 국민협의회(MPR) 특별회의에서 와히드 대통령 탄핵, 메가와티 부통령이 대통령직 승계, 함자 하즈(Hamzah Haz) 통일개발당 총재가 부통령에 선출

2004년 헌정사상 최초 국민 직접투표로 대통령 선거 실시, 유도요노(Susilo Bambang Yudhoyono) 정치안보조정장관과 메가와티 당시 대통령간 결선투표 결과 유도요노 대통령 당선

2011년 유도요노 2기 정권 개각 단행

2016년 조코위 대통령 2차 개각 단행

2019년 COVID-19

2024년 쁘라보워 수비안토(Prabowo Subianto) 대통령, 기브란(Gibran Rakabuming Raka) 부통령과 58.6%의 득표율로 제10대 대통령 선출

부록

출처 재인도네시아 한국 건설업 협의회 팜플렛

인도네시아 전도

인도네시아의 주(PROPINSI) 이름 (*Ibukota: 주도)

NO	PROVINSI	IBU KOTA
1	Aceh	Banda Aceh
2	Sumatera Utara	Medan
3	Sumatera Barat	Padang
4	Riau	Pekanbaru
5	Kepulauan Riau	Tanjung Pinang
6	Jambi	Jambi
7	Bengkulu	Bengkulu
8	Sumatera Selatan	Palembang
9	Kepulauan Bangka Belitung	Pangkalpinang
10	Lampung	Banda Lampung
11	Banten	Serang
12	Jawa Barat	Bandung
13	DKI Jakarta	Jakarta
14	Jawa Tengah	Semarang
15	DI Yogyakarta	Yogyakarta
16	Jawa Timur	Surabaya
17	Bali	Denpasar
18	Nusa Tenggara Barat	Mataram

NO	PROVINSI	IBU KOTA
19	Nusa Tenggara Timur	Kupang
20	Kalimantan Utara	Tanjungselor
21	Kalimantan Barat	Pontianak
22	Kalimantan Tengah	Palangkaraya
23	Kalimantan Selatan	Banjarmasin
24	Kalimantan Timur	Samarinda
25	Gorontalo	Gorontalo
26	Sulawesi Utara	Manado
27	Sulawesi Barat	Mamuju

NO	PROVINSI	IBU KOTA
28	Sulawesi Tengah	Palu
29	Sulawesi Selatan	Makassar
30	Sulawesi Tenggara	Kendari
31	Maluku Utara	Sofifi
32	Maluku	Ambon
33	Papua Barat	Manokwari
34	Papua	Jayapura

인도네시아로 간 오랑꼬레아
누산타라를 달리는 한국인

초판 1쇄 발행   2024년 9월 20일

총기획	재인도네시아한인회
지은이	신성철·조연숙
펴낸이	김구정
편 집	이조안
디자인	이정아
관 리	신은숙
인 쇄	한영문화사
펴낸곳	좋은아침
주 소	서울시 강북구 도봉로 142. 4층 (01161)
전 화	02-988-8358
이메일	joaabooks@naver.com
등록일	2020년 12월 16일
등록번호	제2020-000050

ⓒ 신성철·조연숙 2024
ISBN 979-11-980349-6-0 (03910)

값 16,800원

* 이 책은 재인도네시아한인회의 후원으로 제작되었음을 밝힙니다.
* 저작권법에 의해 보호를 받는 저작물이므로 무단전재와 복제를 금합니다.
* 잘못된 책은 구입한 서점에서 교환하여 드립니다.